JR

西浦和駅から北朝霞駅へ、荒川橋梁に向かう。高架が多いのも武蔵野線の特徴だ

夕暮れの越谷レイクタウン。
駅前から大相模調節池までは
並木道のプロムナード

秋のビッグレース・天皇賞当日の府中本町駅。 夢を抱いて臨時改札を通る

新三郷駅前、 ららぽーとを中心とする商業施設群は、 武蔵野操車場跡地

東浦和～東川口間の田園地帯を
駆け抜ける。開業当時の沿線
風景がここには今も残っている

江戸川橋梁を渡る貨物列車。 背の高い防風柵が、 強風による運休を減らしている

貨物路線・武蔵野線を感じる越谷貨物ターミナル。 広い構内のあちこちにコンテナが積まれている

夜の西国分寺駅では、中央線から武蔵野線に乗り換えて帰路を急ぐ乗客で大行列

町内の小さな祭りから、いまや日本三大阿波踊りへ。武蔵野線随一のターミナルの名物だ

東川口駅では埼玉スタジアム線とお乗り換え。高架の武蔵野線から地下の埼スタ線へ

国鉄時代の面影を感じるサイン
もあちこちに残る武蔵野線。
こちらは新座駅の上り線ホーム

開業50周年！

武蔵野線をゆく

鼠入昌史

イカロス出版

開業50周年! 武蔵野線をゆく

CONTENTS

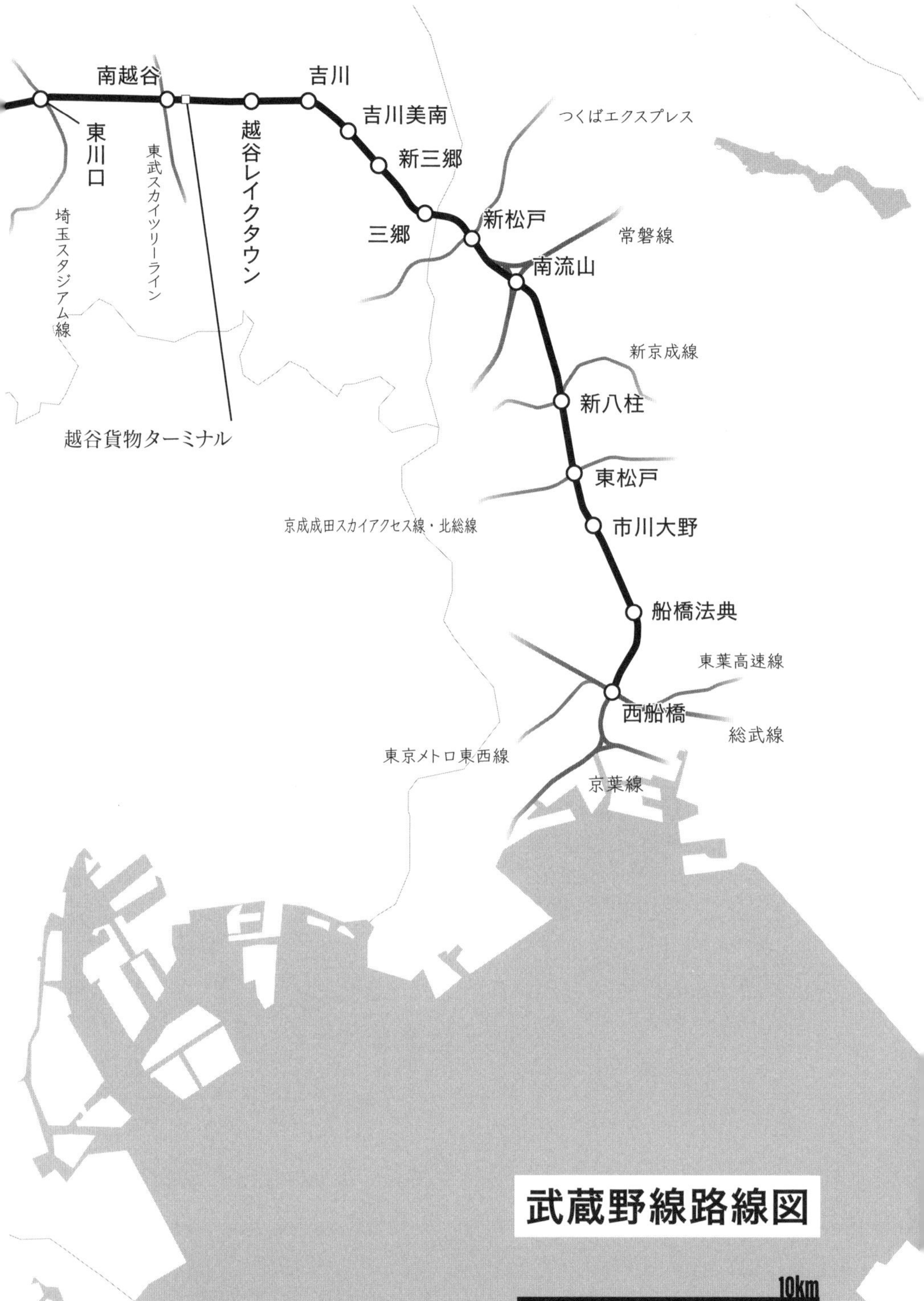

南越谷
吉川
吉川美南
つくばエクスプレス
東川口
東武スカイツリーライン
越谷レイクタウン
新三郷
埼玉スタジアム線
三郷
新松戸
常磐線
南流山
新京成線
新八柱
越谷貨物ターミナル
東松戸
京成成田スカイアクセス線・北総線
市川大野
船橋法典
東葉高速線
西船橋
総武線
東京メトロ東西線
京葉線
10km

武蔵野線路線図

東浦和
南浦和
埼京線
西浦和
武蔵浦和
京浜東北線
新座貨物ターミナル
北朝霞
東所沢
新座
西武池袋線
東武東上線
新秋津
新小平
中央線
西国分寺
北府中
南武線
府中本町
武蔵野南線
東海道本線
梶ヶ谷貨物ターミナル
新鶴見信号場
鶴見

はじめに

武蔵野線は実につかみどころのない鉄道路線である。

いや、つかみどころのないなどという言葉でもむしろ足りないかもしれない。もっと言うならば、武蔵野線は、意味のわからない鉄道路線である。

たとえば、武蔵野線は明確なターミナル、核となる駅を持っていない。他の首都圏の鉄道路線であれば、渋谷・新宿・池袋・上野・浅草・大宮・横浜などなど、圧倒的な存在感のあるターミナルを持つ。だいたいは都心にあるそうしたターミナルを目指す、というのが首都圏の鉄道路線の鉄則なのだ。

ところが、武蔵野線は核を持たない。起点である府中本町や終点の西船橋、また中間には武蔵浦和のような駅もあるが、前述のめくるめく大ターミナル群と比べるとどうしたって見劣りは否めない。だから、武蔵野線はどんな路線?と尋ねられて、「ああ、あそこを通っているんだよ」と一言で答えることができないのだ。その結果、武蔵野線に縁遠い暮らしをしている人に対する明快な解説ができなくなってしまう。

そして核となるターミナルを持たないためか、武蔵野線がいったいどこからどこまで走っているのかがわからない。もちろん、旅客路線としては府中本町〜西船橋間、と明確に答えることはできる。東京の多摩地域から埼玉県南部、千葉県西部を股にかける環状の路線だよ、とは言える。ただ、日常的にこの長大な全区間を乗り通している人などめったにいないだろう。たいていは、途中の駅から途中の駅まで、短い区間を乗るだけだ。

その短い区間も、両端が武蔵野線だけの単独駅、というケースは少数派ではないか。たとえば北朝霞から武蔵浦和、南越谷から南浦和、といった具合で、他の路線との接続駅から接続駅までを短絡するときに、武蔵野線は力を発揮する。通勤で武蔵野線を使っている人も、片方は自宅や職場のある武蔵野線単独駅でも、もう片方はどこかの乗り換えの駅という人が多いにちがいない。

ところが、この武蔵野線のひとつの本質であるはずの他路線との乗り換え駅。これがまた、意味がわからないのだ。接続先と同じ駅名を使っているところはまだいい。同じＪＲの路線が相手なら、改札を出ずに乗り換えられる構造になっている。

しかし、ひとたび私鉄路線と乗り換えようと思うと、素人にはまずどの駅で降りればいいのかがわからない。新越谷？　南越谷？　朝霞台？　北朝霞？　事実上、まったく同じ駅なのに、あちらとこちらで駅名が違う。挙げ句の果てに、新秋津と秋津（西武池袋線）のように、町の中を歩かされるケースもある。慣れている人は一目散に歩く。が、不慣れな武蔵野線初心者は、本当にこの道でいいのか疑心暗鬼になってしまうに決まっている。

こんな沿線環境だからか、武蔵野線には沿線文化というものを感じない。首都圏の通勤通学路線は、私鉄だろうがＪＲだろうが、それなりに沿線らしさを持っているものだ（私鉄の方がその傾向が強いことは間違いないが、ＪＲ中央線ほど沿線文化の押しが強い路線もまた存在しない）。ところが、武蔵野線も通勤通学路線としての地位は揺るがないものの、沿線文化というものがない。いくつもの接続路線を持っているせいで、それぞれの沿線の空気が流れ込み、そして中和され、無味無臭になってしまったのだろうか。

だいたい、「武蔵野」ってなんだ。その指し示す範囲があまりに広いし、それに千葉の方はもはや武蔵野でも何でもないではないか。もうちょっとピンポイントにしてくれないから、乗り慣れていない人にとっては雲をつかむような、イメージを形作ることも難しい、そんな路線になっているではないか……。

と、思いつくままにあげればざっとこんなところで、武蔵野線がいかに意味不明なのか、わかっていただけたのではないかと思う。武蔵野線は、やはり意味がわからない。

しかし、だからといって武蔵野線を舐めてはいけない。都心に生まれて育ち、大人になっても都心で暮らす人は、どうせ武蔵野線を〝田舎路線〟などと思っているにちがいない。だが、武蔵野線という路線がなければ、いまの首都圏は成り立っていないといっていい。

そもそも、武蔵野線が走っている多摩地域や埼玉県、千葉県の東京寄りは、横のつながりが希薄だという。どこもかしこも向いているのは東京都心ばかりで、同じ多摩・埼玉・千葉なのにつながりが弱い。仲間意識が薄いともいえる。通勤やら買物やらで出かける先はどうせ都心なのだから、横のつながりなんて要りません、と言わんばかりに。

首都圏の鉄道の歴史を見てもそれは明白だ。山手線を中心として、放射状に郊外に伸びてゆく路線ばかりがよく整備された。国鉄時代の通勤五方面作戦などまさにその筆頭。天下の国鉄が、徹底的に郊外から都心への通勤路線の輸送力を強化したのだ（混雑がハンパじゃなかったので仕方がないですが）。そうした歴史があるのだから、横のつながりを持ちなさいと言われてもムリですゴメンナサイ、といったところが現実だったのだろう。

そんなところに颯爽と現れたのが、武蔵野線である。

言葉は悪いが、東京都心のちょっと外側の、つまりは取り立てて何もない田園地帯に線路を敷いて、強引に放射状の郊外路線同士を連絡した。横のつながりを生み出した。とつぜん現れた新参の武蔵野線のおかげで、東武鉄道などは新たに駅を作るハメになった。最初はいやいやだったかもしれない。しかし、開業から半世紀が経つとお客の数は大激増。すっかりドル箱の駅になっている。

半世紀前には町もなかった田園地帯にできた駅が、ドル箱になる。それが意味していることは、半世紀の間に人の流れが大きく変わったということに他ならない。武蔵野線は、都心の外縁部にいままで考えもしなかった「横のつながり」をもたらし、人の流れをまったく変えてしまったのである。

東京都心に暮らし、武蔵野線などほとんど乗ったことがないという人に、武蔵野線のイメージを聞いてみた。「よくわからない」「どこ走ってるの?」「田舎っぽい」「なんか怖い人いそう」「競馬場でしょ」……。まあこれがロクなことを言わない。

ただ、きっと都心に暮らす彼らは怖いのだ。ひと昔前までは、すべからく首都圏の人の目は東京都心を向いていた。

憧れの大都会だった。それが、武蔵野線ができて半世紀。この路線の持つ漠としたエネルギーが、ひとびとの都心指向を変えつつある。東京都心の人たちは、それにおびえているにちがいない。東京、首都圏のあり方は、武蔵野線によって変化の時代を迎えているのだ。

……などと大仰なことを言っても、武蔵野線がつかみどころのない鉄道路線であることは変わらない。東京・府中に住んでいるぼくは、実は武蔵野線のヘビーユーザーだ。だが、それでもこの路線の全容は杳として知れない。

だから、本書を通じて武蔵野線とはいったい何か、を解き明かしていきたい。武蔵野線の駅には何があるのか。武蔵野線はどのようにして歴史を刻んできたのか。そして、武蔵野線は何をもたらしたのか。最後に明快な答えを出せるとはとうてい思えない。が、いまこそ武蔵野線に正面から向き合うべき、なのである。

カバー写真●鼠入昌史
本文写真●鼠入昌史（特記以外）
編集●大野達也
装丁・本文レイアウト●關翔太

掲載の情報は2023年11月現在のものです。

第1章

武蔵野線の旅Part1

府中本町〜東川口

府中の町の勝手口——府中本町駅

武蔵野線の旅のはじまりは、府中本町駅だ。

横浜・鶴見からほとんど地下を走ってから多摩川を渡ってやってくる武蔵野南線はほとんど貨物列車しか走っていない（なお、多摩川の向こうは神奈川県、と思っている東京都民は多いが、府中本町の対岸はまだ東京都の稲城市である）。

だから、事実上の武蔵野線のスタート地点は府中本町駅である。

府中本町駅は、多摩川沿いの低地から河岸段丘（府中崖線）に頭半分を突っ込んだ場所にある。そのまま武蔵野線（南武線も）は段丘面の地下をトンネルで抜けてゆく。構造上は実に地形をうまく活かしている、といったところだ。勾配に弱い鉄道ならではの、地形に逆らわない構造だ。

……と、そんなマジメな話はさておいて、府中本町駅はどんな駅なのだろうか。

中央に武蔵野線のホームがあって、それを挟み込むように上下線それぞれのホームを持つのが南武線。なので、武蔵野線と南武線を乗り換えるお客が多い。どういう人が乗り換えるのかは、つぶさに聞いたわけではないのでよくわからない。たとえば朝霞方面に住んでいて南武線西府駅近くにあるＮＥＣの工場に通勤する人とか、武蔵小杉に住んでいて所沢付近で働いている人、とかだろうか。

改札口の目の前の小さな広場は、線路の上の人工地盤。通りの名でいえば鎌倉街道で、すぐ脇にはラウンドワンが

府中本町駅は線路上の人工地盤に駅舎を持つ

ある。メインの改札口の反対には臨時改札口があって、そちらを抜ければ東京競馬場。なので、ラウンドワンの1階にあるパチンコ店は、「東京競馬場にいちばん近い」などと謳っている。ギャンブルとギャンブルの掛け合わせ。ちなみに、このパチンコ店を経営しているのはさくらコマース。「サクラ」の冠名で一世を風靡した競走馬のオーナーでもある。

もうひとつ余計なことをいうと、府中本町駅前のラウンドワン、ひと昔前まではイトーヨーカドーだった。さらにさかのぼって武蔵野線開業当時は、地場の人が営むボウリング場だった。それが周辺の市街地化にともなってイトーヨーカドーに変わった、というわけだ。そしてそこから駅前のイトーヨーカドーがラウンドワンに。このあたりの変遷だけを聞けば、寂れかけている地方都市のターミナルが思い浮かぶ。

ただ、府中本町駅はそんなことはなく、東京都府中市のＪＲ線における玄関口だ。駅のすぐ東側には大國魂神社があり、その北側には府中の中心市街地が広がっている。

府中市は人口約26万人、東京多摩地域では八王子・町田に次ぐ第3位の人口を誇る。ベッドタウンとしての性質が強いが、市内にはサントリー・東芝・ＮＥＣなど並みいる大企業の工場があり、〝通勤する町〟としての側面も持つ。また、東京競馬場にはじまり府中刑務所、航空自衛隊府中基地など公共性の高い施設も多い。警視庁の警察学校や多磨霊園も、府中市内の施設のひとつだ。

だからどうした、という話ではあるが、それだけあれこれ集まっている町ということで、府中の中心市街地はかなり賑やかだ。駅前には商業ビルがいくつも並び、映画館（トーホーシネマズ）もある。大國魂神社の参道沿いには硬軟取り混ぜてあれこれの店が集まり、昼夜を問わず活気に溢れる。神社のお祭り（たとえば毎年5月のくらやみ祭）の際は、遠方からもたくさんの人がやってくる。

さらに、最近ではラグビーの町としても知られるようになった。サントリーと東芝のラグビーチームがともにトップリーグに参加しており、かのリーチ・マイケルも東芝の選手だ。ラグビーW杯日本戦ではパブリックビューイング

▲▲府中本町駅前にはラウンドワン
▲乗り換え客は多いが、改札を通る人は少ない府中本町駅

までやっていて、町ぐるみでラグビーを推している。

このように、府中の町はただのベッドタウンではなく、いろいろな側面を有する多摩地域屈指の都市のひとつなのだ。

武蔵野線にとって惜しむらくは、そうした府中の中心市街地に近いのは府中本町駅ではなくて京王線の府中駅である、ということだ。現実問題、広く膾炙している府中の玄関口は、府中本町ではなく京王線だろう。府中本町駅は、いわば府中の市街地の〝勝手口〟にあたる。

府中本町駅が開業したのは、武蔵野線開業よりもずっと古い1928（昭和3）年12月11日である。この年、現在の南武線にあたる南武鉄道の大丸（現・南多摩）〜屋敷分（現・分倍河原）間が開業し、その途中駅として設けられた。このとき、すでに京王線の府中駅は開業してから10年以上が経っている。大國魂神社の門前町、そして甲州街道の宿場町に京王線が加わって、町の賑わいは圧倒的にそちら側。開業時の府中本町駅周辺は、ほとんどまったく何もない不毛の地だったようだ。

京王線府中駅が表玄関で、府中本町駅が勝手口。いまでこそ、府中本町駅周辺も完全に市街地の中に飲み込まれている。ただ、基本的にはこうした関係は開業からいまにいたるまでまったく変わっていない。お客の数にそれは表れていて、府中本町駅はだいたい2倍くらい水をあけられている。

両者の間は歩いても10分ほど。京王線と武蔵野線を乗り換えて通勤している人は、毎日この10分を歩いているのかと思うと大変そうだ。が、南武線分倍河原駅がＪＲと京王線の正式な乗り換え駅になっていることもあって、府中駅と府中本町駅の間を歩いて乗り継ぐ人は少ないのだろう。

そんな府中本町駅だが、他にはない特別な役割を持っている。開業して5年後の１９３３（昭和８）年11月、駅のすぐ南東側の低地部に、東京競馬場が開場したのだ。それまでは目黒にあった競馬場が移転してきたもので、以来一貫して競馬の祭典である日本ダービーの舞台を担い続けている。

何もなかったお勝手口の府中本町駅が、突如として競馬場の観客輸送の担い手に。武蔵野線も開業していない頃のことだから、ホームも駅舎もいまとは比べものにならないくらいにちっぽけだったにちがいない。当時の競馬ファンの熱狂ぶりや品格がどのようなものだったのかはわからない。が、開場間もない東京競馬場にやってくる人々で、府中本町駅は混み合ったことだろう。

ただ、府中本町駅が単独で競馬観客輸送を担っていたのは、たったの半年ほどのことであった。当時の府中本町駅は、私鉄の南武鉄道の駅だった。それが競馬客輸送で潤ったのを見て、国鉄サイドが対抗意識を燃やしたのかどうか。１９３４（昭和９）年4月に、東京競馬場前駅という臨時駅を開業させたのである。

幻の東京競馬場前駅と下河原線

東京競馬場前駅は、国鉄下河原線の駅だ。

下河原線は中央本線の支線で、多摩川の河川敷で採取される砂利を運ぶことを目的にしていた。１９１０（明治43）年に東京砂利鉄道によって開業したのがルーツで、１９２０（大正９）年に国有化、中央本線の支線になっていた。下河原線が運んだ砂利は、山手線神田～上野間の高架建設に使われたという。まだ南武鉄道も通っていない時代のことで、府中市内においては最も古い〝国鉄の線路〟だった。

競馬場輸送を巡って、国鉄が目をつけたのがこの下河原線だ。もともとの線路はまっすぐ南に延びて多摩川の河川敷を目指していた。それを府中本町駅の西側で分岐させて東に向かい、南武鉄道の線路と交わるその手前に駅を設けた。これが東京競馬場前駅だ。

当初は競馬開催日だけの臨時駅で、戦時中の営業休止を経て１９４９（昭和24）年からは国分寺～東京競馬場前間の通年営業が行われるようになった。南武線府中本町駅と下河原線東京競馬場前駅の二本立て。この体制はその後もしばらく続いた。下河原線も毎日運転だったから、ある程度は客のあてがあったのだろう。もちろん、武蔵野線などまだ通っていない時代のお話である。

南武線の府中本町駅と下河原線の東京競馬場前駅は、事実上同じ駅といっていいくらい近くにあった。いま、府中本町駅から線路沿いを南に少し歩くと、線路をくぐるガードが見えてくる。東京競馬場前駅があったのはちょうどこのあたり。競馬場までの所要時間はどちらも変わらず、歩いて５分もかからない。

ただ、それでたどり着くのは競馬場の西の端。いまは西門があるが、東京競馬場前駅の時代にそれはあったのかどうか。少なくともいえるのは、府中の市街地だけでなく競馬場においても正門に近いのは京王線ということだ。京王競馬場線の府中競馬正門前駅は、１９５５（昭和30）年になって開業している。

ともあれ、そういうわけで府中本町駅は東京競馬場前駅とともに、府中市街地南端の通勤通学輸送、そして週末には競馬客の輸送を担った。立川・川崎方面は府中本町、中央線方面は東京競馬場前駅、といった棲み分けができていたのだろう。

ちなみに、東京競馬場前駅は、日本一長い駅名としても知られていたとか。ひらがな表記だと「とうきょうけいばじょうまえ」と13文字。漢字表記では6文字だから越谷レイクタウンよりも短い。が、かつてはレイクタウンやゲートウェイのように捻った駅名をつけることがなかったから、漢字6文字でも最長になれた、というわけだ。

この東京競馬場前駅は、1973（昭和48）年に武蔵野線が開業すると、引き換えに歴史に幕を閉じている。下河原線はその一部が武蔵野線として衣替えすることになったからだ。もともと府中本町駅は東京競馬場前駅と極めて接近しているし、武蔵野線が府中本町駅に乗り入れることになった以上、同じ役割の東京競馬場駅と下河原線の存続はまったくの無意味だ。だから、〝日本一長い駅名〟の駅が消滅するのもごく自然な流れであった。それでも廃止間際には連日50人以上の鉄道ファンが押しかけたというから、そのエネルギーやいかばかり。

下河原線の廃線跡は遊歩道として整備されている

かくして武蔵野線開業によって東京競馬場前駅の機能も併せ持つことになった府中本町駅は、装いも新たに生まれ変わる。なにより、通常の改札口とは反対側に競馬場直結の臨時改札口が設けられたのだ。そこから競馬場までは、陸橋で直結している。歴代のダービー馬の写真が飾られていて、歩くだけで胸の高鳴る〝夢への入り口〟といったところだ。

ちょうど武蔵野線が開業した1973（昭和48）年は、ハイセイコーの活躍で第一次競馬ブームが巻き起こった。いまと比べれば人数は雲泥の差だが、少ないながら若い女性も競馬場に足を運ぶようになったのはこの頃から。ハイセイコーが出走した同年5月のＮＨＫ杯には、17万人近い観客が東京競馬場に集まっている。これは長らく中央競馬史上最多記録であった。競馬場は入場規制を実施して、新装まもない府中本町駅にはここまで来たものの競馬場に入れないお客が溢れかえったという。

その後、ブームとしてはいったん沈静化した競馬人気も１９８０年代後半からはオグリキャップや武豊人気で再び火が付き、不況のあおりを受けた停滞期も乗り越えて、いまは若い女性もこぞって通うレジャースポットになっている。そうした競馬人気の盛衰を、府中本町駅が裏からひっそりと支えてきたのだ。それもこれも、武蔵野線の開業によって東京競馬場前駅と事実上合体し、利便性を高めたことが一因になっているにちがいない。

東芝と刑務所と――北府中

府中本町駅を出ると、そのまま武蔵野線の電車はトンネルの中に入る。武蔵野線にはほかに小平トンネルや東村山トンネルといった長大なトンネルがあるが、２０１５（平成27）年までには携帯電話の電波が通じるようになっている。しかし、府中本町駅北側のトンネルはまだ電波が届かない。ほんの1分ほどでトンネルを抜けるから、まあそれほど気にする必要もない。

ちょうど京王線や甲州街道（国道20号）の地下を抜けるとほどなく地上に顔を出す。府中街道沿いをまっすぐ北へ。そうしてすぐに到着する最初の武蔵野線単独駅が、北府中駅である。

武蔵野線の府中本町～新松戸間は１９７３（昭和48）年4月1日に開業した。だから、府中本町駅や南浦和駅などを除く武蔵野線単独駅は、すべて武蔵野線開業と同時に開業している。

ところが、北府中駅だけは違う。１９５６（昭和31）年9月1日に、北府中信号場から駅に昇格した。それどころか、信号場時代から細々と客扱いを行っていたようだ。また１９４７（昭和24）～１９４９（昭和24）年までは富士見仮乗降場の名で営業されている。つまり、北府中駅は武蔵野線の単独駅なのに、武蔵野線開業以前から営業していたナゾの駅、なのである。

ナゾの答えは簡単なお話で、北府中駅前後の区間はもともと中央本線の支線・国鉄下河原線の一部だったからだ。前にも書いた通り明治末に砂利輸送を目的に開業し、のちには東京競馬場へのアクセスも担った下河原支線。その中において、唯一の途中駅として、北府中駅はスタートしている。

府中街道を跨ぐ、北府中駅直結の歩道橋

駅の東側には線路と並行する府中街道が通り、反対の西側には東芝の府中事業所がある。それほど広くない島式ホームから階段を登った先の橋上駅舎で改札を抜けると、そのまま駅舎から東芝に直結する。このあたり、いかにも東芝のための駅、といったところだ。

府中はラグビーの町、という話も前に書いたが、東芝のラグビー場も北府中駅のお隣の事業所内にある。余計なことをいうと、〝オレ竜〟落合博満のアマチュア時代の所属チームは東芝府中。いまでいう契約社員のような立場で仕事もしていたらしい（東芝府中硬式野球部は１９９９年に廃部になった）。

東芝府中事業所は、１９４０（昭和15）年に鉄道車両工場として誕生した。いまでも電気機関車をはじめとする鉄道事業を手がけており、北府中駅西側には東芝府中事業所内にも乗り入れる線路が広がっている。ザ・東芝。そんなイメージの北府中駅である。

武蔵野線開業当時の新聞記事を見ると、北府中駅について「東芝がなければこの駅はいらない」などという国鉄当局の発言が載っている。

いまなら炎上しそうな話だが、当時の北府中駅のお客は1日7000人程度で、その8割ほどが〝東芝さん〟だったという。まあ確かに言い方はともかく東芝のための駅だった、ということは間違いない。武蔵野線開業前、下河原線時代から旅客営業をしていたのは、東芝のためである。

いまも基本的には東芝の駅だ。夕方、府中本町駅から武蔵野線に乗ると、最初はガラガラで心地よく座ることができる。ところが、北府中駅からどっとお客が乗ってきて、瞬く間に座席は埋まって立ち客であふれかえる。中央線との乗り換え駅である西国分寺駅から乗るお客も多いが、彼らが座るチャンスはもうほとんど残っていない。

2022（令和4）年度の北府中駅の乗車人員は1日平均で1万2051人。開業時と比べると周囲の市街地化は進んでいる。反対に東芝の従業員数は減っているようだから、〝東芝さん〟以外のお客が増えているということだ。北府中駅について、「東芝の城下駅」などと呼ぶ人もいるが、そうした傾向は変わりつつあるのかもしれない。

駅の東側、府中街道に出て少し歩くと、とてつもなく高い塀が見えてくる。北府中駅のもうひとつのシンボル、府中刑務所だ。

府中刑務所は巣鴨刑務所の移転先として1935（昭和10）年に開設された。いまは周囲を市街地に囲まれているが、当時はまったくの田園地帯。まだ東芝もない時代のことだ。

かつて、北府中駅からは東芝だけでなく、府中刑務所にも線路が分かれていた。府中刑務所に収容されていた囚人

北府中駅近く、府中街道沿いには府中刑務所

たちは、車両の整備にも使役されていたらしい。府中刑務所から北府中駅を介して大井工場まではるばる列車に乗って運ばれて、作業に従事していたのだとか。もちろんいまはそんなことはなく、線路も刑務所の中には入っていない。

東芝、そして府中刑務所だけでなく、北府中駅からは陸軍燃料廠に向かう線路もあった。戦後は米軍の空軍施設になり、いまは府中の森公園と航空自衛隊府中基地。その場所に線路が延びていたということは、燃料輸送も行っていたのだろう。武蔵野線が開業する以前、とりわけ戦前の北府中駅（当時は富士見仮信号場といった）は、いま以上に周辺施設にとって重要な役割を果たしていたのだ。

なお、刑務所の北側を通る学園通りは、三億円事件の舞台になっている。

国分寺の日本信託銀行から東芝府中工場の従業員ボーナス約3億円を積んだ現金輸送車が、刑務所北の学園通りを走っているところを、犯人に襲われた。1968（昭和43）年12月のできごとだ。このとき、まだ武蔵野線は開業していないが、北府中駅はすでに毎日営業の東芝通勤駅になっていた。きっと、事件の直後は北府中駅も警察関係者やマスコミでざわついたことだろう。

中央特快が停まらない――西国分寺

府中本町駅付近で府中崖線と交差した武蔵野線は、西国分寺駅の手前で国分寺崖線を渡る。ふたつの崖線、つまり河岸段丘を駆け上ることを強いられている、というわけだ。実際には、トンネルや堀割を利用してうまく急勾配を回避している。

北府中駅を出た武蔵野線は、少しずつ勾配を上げ、最終的には高架になって西国分寺駅に着く。その途中で府中市から国分寺市へ。国分寺市とは、かつて武蔵国の国分寺が置かれていたことから名付けられた町で、西国分寺駅の南東（つまり武蔵野線沿いの東側）には武蔵国分寺跡がある。

武蔵野線は西国分寺駅を高架で北に抜け、その下の堀割の中を中央線が東西に通ってゆく。武蔵野線はもとより、中央線の駅としても1973（昭和48）年に開業した駅だ。その当時、周囲はどちらかというと田園地帯であって、駅前にも立派な広場や商業施設の類いはなかったようだ。それが、開業から半世紀経ったいまはすっかり市街地である。中央線に乗れば新宿・東京に一本で行けるし、武蔵野線をうまく使えば浦和、大宮、武蔵小杉などにも行きやすい。東京都内の武蔵野線の駅の中で、その恩恵をいちばん得ているのは西国分寺駅ではないかと思う。

ただ、問題がある。西国分寺駅は、悲しいかな中央特快が停まらないのだ。

中央線の中央特快は、新宿駅を出ると次は中野、三鷹、国分寺、立川と停まってゆく。俗に〝中央線文化〟などと呼ばれる雰囲気が色濃い高円寺や阿佐ケ谷はもとより、多摩地域における一大商業地になっていて、京王井の頭線も乗り入れる吉祥寺駅も通過する。三鷹から新宿まで、所要時間は快速でも中央特快でも5分くらいしか変わらないのに、みんなこぞって対面ホームにある中央特快に乗り換えているのを見ると、東京の人はどれだけ忙しいのかと思ってしまう。

それはともかく、西国分寺駅はせっかく武蔵野線と交差するターミナルだというのに、中央特快が通過してしまうのだ。これ、武蔵野線ユーザーにとってはなかなかにショックである。

西国分寺駅前には商業施設も建つ

もしも武蔵野線ユーザーが、ほかの東京の人たちと同様に1分1秒を急いで都心に行きたいと思ったら。まずは西国分寺駅のホームから階段を駆け下りて中央線のホームに向かい、最短1分で乗り換えることができたらお隣の国分寺駅で中央特快にまた乗り換える。対面ホームでの乗り換えとはいえ、なんだか慌ただしい。それでいて、10分足らずしか早くならないのだから、むなしさばかりが募る。

これが、また、吉祥寺の井の頭公園でおデート、などというケースだと事態はより深刻だ。中央特快が西国分寺にも吉祥寺にも停まらないおかげで、国分寺で中央特快に乗り換えたらまたすぐに三鷹駅で快速に。大都会の電車の速い遅いに追いかけられて、妙に滑稽で実に悲惨である。

じゃあ最初っから中央特快に乗り換えずのんびり向かったらいいじゃん、と思われるかもしれない。ごもっとも。しかし、話はそう簡単ではない。朝ラッシュ時の分刻みの中央線と違って、昼間の中央線は意外と本数が少ない。合間合間に中央特快、そして「あずさ」「かいじ」といった特急勢が入り込む。だから、快速しか停まらない西国分寺のような駅になると、退屈になるくらい電車を待たされることがあるのだ。

頭上に武蔵野線の高架が跨ぐ、ちょっと薄暗い中央線西国分寺駅ホームでぽつねんと電車を待っていると、なんだかイライラしてきて1分でも1秒でも早く先に向かいたくなってくる。気がつけばそうして、先を急いで中央特快に乗り換える東京の人、になってしまうのである。

かつての中央鉄道学園跡。痕跡はほとんど残っていない

もはや、そこにいたるまでに自分の意思などはほとんど介在していないといっていい。

まあ、あれこれ文句を言ったところで、西国分寺駅（や吉祥寺駅）に中央特快が停まらないことにはそれなりの合理性がある。乗り換えのターミナルであるこれらの駅にまで中央特快が停まると、停車駅が増えすぎて何が特快だという話になってしまう。それに、放っておいても乗り換え客が多くなる駅をあえて通過することで、快速と特快でお客を分散させるという効果もあろう。

そして、正直なことをいえばお客の立場にとっても現実的にはそれほど不便というほどでもなく、しょせんはただのグチに過ぎない。いまの状況に困っているなどということは、あまりないのである。

さて、いずれにしても西国分寺駅はとても便利だ。天下の中央線と武蔵野線が交差しているのだから、あたりまえのことだ。駅前（南西側）は「にしこくマイン」と呼ばれるスーパーマーケットをはじめとする商業ゾーン。庶民の味方・ドトールコーヒーもちゃんとある。その周りに小さな飲食店がいくらか並び、さらに外縁部には都営団地や新築のマンションを中心とした住宅地だ。

西国分寺駅の南東側は、新しいマンション、団地、そして東京都立多摩図書館や公文書館、日本芸術高等学園など。この一帯は、もともと国鉄中央学園だった。池袋から移転してきた鉄道教習所を改組して、１９６１（昭和36）年に開校したものだ。わかりやすくいえば、国鉄職員の研修機関。運転士になるための教育もここで行われていたという。

国鉄中央学園が閉鎖されたのは１９８７（昭和62）年。国鉄分割民営化にあわせ、債務返済のために用地を売却した。そして、その跡地がマンションや東京都の図書館などに再開発された、というわけだ。

なお、売却後の再開発のさなか、古代の街道である東山道武蔵路の跡が発掘された。近世以後に整備された街道とは違い、幅12ｍの直線道路で、古代の交通事情を知ることができる遺跡である。

武蔵野線が通るこの場所に、上野・下野（つまり北関東）と武蔵国府を結ぶ大動脈が通っていた。極端な言い方をすれば、武蔵野線は古代の大動脈の一部が現在によみがえったもの、などといってもいいのかもしれない。

多摩地域南北問題――新小平

いつだったか、丸ポストの写真家という方を取材したことがある。その人の話によれば、小平市は「丸ポストの町」なのだという。実際に小平市のホームページを見るとその通りのことが書いてあり、小平市内には37本もの丸ポストがあるそうだ。これは東京都内でナンバーワンである（そもそも丸ポストとは、最近主流の四角い形ではなく、昔ながらの円柱状をしている郵便ポストのことです）。

そんなことだから、新小平駅の駅前にも丸ポストがあるのではないか、とキョロキョロ探してみたが、まったく見当たらない。丸ポスト、こうして探してみるとなかなか見つけることが難しい。ところが、意識せずに町を歩くとあんがいあちこちで見ることができる。武蔵野線でいうなら、たとえば府中本町駅前のロータリー。改札口を出たすぐ目の前に、丸ポストが堂々と立っている。

丸ポストはともかく、新小平駅は小平市におけるＪＲ線では唯一の駅だ。町の中心は西武新宿線の小平駅周辺にある。そして、その西武新宿線と武蔵野線の関係は、なかなか微妙である。というのも、両者は武蔵野線からみて新小平～新秋津間で交差しているにもかかわらず、その交差地点に乗り換え駅はまったく設けられていないのだ。

武蔵野線は、首都圏の郊外をぐるりと走る環状線だ。だから、都心から放射状に伸びる郊外路線と数多く交差する。そしてそのほとんどで乗り換えのターミナルが設けられている。これが武蔵野線を武蔵野線たらしめている何よりの特徴である。

ところが、府中本町～西船橋間で、交差しているのに乗り換えられない路線がふたつだけあるのだ。そのひとつは、府中本町～北府中間の京王線。ただ、これは府中本町駅から歩いて10分ほどで京王線府中駅に行くことができるし、分倍河原駅という南武線の駅で乗り換えることができるから、さしたる問題ではない。

もうひとつの乗り換え不可路線が、西武新宿線だ。西武新宿線サイドからみると、久米川駅のすぐ東側で武蔵野線と交差している。開業以来、その場所に駅を設けてほしいという声もあるらしい。ただ、50年経っても実現していないところをみると、この先も〝新久米川駅〟が開業することはなさそうだ。

そして、この武蔵野線×西武新宿線問題は多摩地域の〝南北問題〟と密接に絡み合う、実に根深い問題を裏にはらんでいる。

武蔵野線新小平駅周辺は、西武鉄道のローカル線（と呼んでいいですか、いいですよね）が東西南北にいくつも通る、ちょっとややこしいエリアである。

東西に通っているのは件の西武新宿線と、小平駅から分かれて西に延びる拝島線。南北には、国分寺線と多摩湖線が走る。国分寺線と多摩湖線は、どちらも国分寺駅を起点にしていて、武蔵野線を中央において東に多摩湖線、西に国分寺線が通っている。

武蔵野線新小平駅はちょうど青梅街道に面していて、青梅街道を東に10分ほど歩けば西武多摩湖線の青梅街道駅に着く。乗り換え駅というほど便利ではないが、乗り換えられなくもない。実際に、新小平駅には青梅街道駅への案内も貼られているし、ちらほら歩いている人もいる。

ただ、本質的に武蔵野線と多摩湖線（と国分寺線）の役割はまったく同じ、このエリアにおける南北連絡、である。

多摩湖線は萩山駅で拝島線と接続し、拝島線は小川駅で国分寺線、そして国分寺線は東村山駅で西武新宿線と交わ

青梅街道駅に面する新小平駅

る。西武新宿線は最終的に所沢駅で西武池袋線と交わって、一大ターミナルを形成しているのは周知のとおりだ。輻輳する西武線がそれぞれ微妙につかず離れず、それでいて場所を選んで巧みに接続し、それぞれ都心方面への主要路線である西武池袋線・新宿線・中央線に連絡する——。多摩地域は南北の交通が弱点、などと言われることが多いが、少なくとも小平周辺においてはそれはまったくあたらない。武蔵野線があろうとなかろうと、西武鉄道のネットワークによって実に細やかな南北連絡が実現しているのである。

西武多摩湖線の青梅街道駅。こちらは地上の小さな駅だ

武蔵野線が、西武新宿線と交わっていないというのはこうしたすでに充実した西武ネットワークがあるからなのではないか。西武ネットワークの恩恵を受けている小平エリアの人たちは、ムリをして武蔵野線を使う必要に乏しい。もちろん、久米川で武蔵野線に乗り換えることができれば便利は便利だろう。が、それとてずっと地下を走っている武蔵野線にむりやり駅を作るほどではない。

ただ、武蔵野線と接続していないということは、西武新宿線の存在をちょっと地味にしてしまっているのではないかとも思う。そもそも、新宿線は他の郊外路線とは違い、地下鉄に直通して都心に乗り入れることがない。高田馬場駅か、歌舞伎町の脇にある西武新宿駅での乗り換えが強いられる。それだけでもちょっと地味なのに、武蔵野線との乗り換え駅もないからなおのことインパクトが弱くなってしまっている。意外と「他路線への乗り換えターミナル」の存在は、路線の知名度を高めるものなのである。

改めて新小平駅に戻ろう。

新小平駅は、前後の区間がトンネルで、それに挟まれたわずかな明かり区間に設けられた駅だ。……というのは型どおりの説明で、実態としては7000m級の長大なトンネルの間、ここだけフタをとったような構造といっていい。この構造がかつて〝水没〟という事態を招く一因になったのだが、それは別の章で取り上げることにしよう。

青梅街道沿いは武蔵野線開業前から市街化が進んでいた。ただ、少し裏に入るとそこは田園地帯。武蔵野線開業前の面影がいまも感じられる。小平市は丸ポストも有名だが、それ以上にブルーベリーの産地として名高い。日本三大ブルーベリー産地のひとつである。

徒歩連絡は不便なのか、それとも――新秋津

新小平駅を出ると、武蔵野線はすぐに4381mの東村山トンネルに入る。トンネルの上にはブリヂストン東京工場や東村山の住宅地。トンネルの中で北東に向かって大きなカーブを描きつつ、ようやく地上に顔を出すとまもなく到着するのが新秋津駅である。新小平〜新秋津間は5・6km離れており、これは武蔵野線の駅間距離では最も長い。

新秋津駅の乗車人員は、2022（令和4）年度の1日平均で3万4954人。武蔵野線全26駅の中では第7位だ。中央線との乗り換え駅である西国分寺駅よりも1万人近く多い。

これはいうまでもなく、新秋津駅が西武池袋線秋津駅との乗り換え駅になっているためだ。

相手方の秋津駅も、2022（令和4）年度の1日平均乗降人員は7万1805人で、西武鉄道全体では9位に入っている。急行や快速急行が停まらないのは玉にキズ。ただ、すぐ西側には所沢という大ターミナルがあるし、準急に乗れば30分ちょっとで池袋に着く。地下鉄有楽町線・副都心線直通の列車も通るから、利便性はなかなかのもの。武蔵野線の新秋津駅と同じくらい、西武池袋線における秋津駅の存在感も大きなものになっている。

ただ、同時に「武蔵野線ってなんだか不便だよね」というイメージを世間に与えてしまっているのも、新秋津駅と

秋津駅の関係にあるといっていい。何しろ、このふたつの駅は乗り換え駅にもかかわらず、町の中をしばらく歩いて移動しなければいけないのだ。時間にして10分もかからないから、たいした距離ではないといえばそうだが、通勤通学で毎日ここを歩けと言われるとちょっと嫌。だいたいそんなところである。もしも雨降りの日だったら、それはもう、ツラい。

人工地盤の上に駅舎と駅前広場を持つ新秋津駅

同じように〝町の中を歩いて乗り換え〟が強いられる駅には、ほかに都営浅草線と大江戸線の蔵前駅や、京王相模原線の京王稲田堤駅と南武線の稲田堤駅などがある。よくよく考えれば、東京駅の地下鉄丸ノ内線と新幹線の乗り換えも、なんだかんだで10分以上かかる。だから、新秋津・秋津が特別に不便だというわけではないはずだ。

が、なんだか新秋津と秋津の間を歩いていると、「面倒くさいなあ、これ」と思わずにいられないのだ。きっと、「武蔵野線は不便」などという誤った固定観念が頭の中を支配してしまっているのだろう。

いくら武蔵野線が貨物線として建設されたものとはいえ、いったいどうしてこれほどに乗り換えが不便なのだろうか。北朝霞も南越谷も、せいぜい駅前広場を横切るくらいで乗り換えができる。同じＪＲ線同士の乗り換え駅の武蔵浦和駅や南浦和駅は、あたりまえだが改札内での乗り換えだ。どちらしても、雨に濡れることはない。

この理由として、国鉄側が旅客輸送を増やすことにつながるほど便利な乗り換えを嫌がった、などという説がある。あの国鉄のことだから、あながち間違いでもないだろう。新秋津駅が開業した当時、駅周辺は秋津駅前のちょっとした市街地のほかはほとんどが田園地帯に過ぎなかった。当時の武蔵野線にとって旅客輸送はおまけのようなものだったのも事実だから、最初から乗り換え客のことなんてあまり考えていなかったにちがいない。

ただ、もうひとつ大きな理由があると思っている。

新秋津駅と北朝霞駅・南越谷駅の大きな違いは、乗り換えターミナルになったのがいつか、ということだ。北朝霞・南越谷両駅は、相手方の東武鉄道が後から乗り換えの駅を開業させた。ところが、新秋津の場合は最初から西武線の秋津駅がそこにあった。

そこに〝貨物優先〟の武蔵野線があとから近くを通ることになった。旅客の利便性にあまり考慮することなく、「ただの近くの駅」という程度の認識をもって、新秋津駅が開業したのではないか。

もちろん10分足らず、急ぎ足なら5分もかからない乗り換えだから、利便性がプラスになることはあってもマイナスになることはない。何もなかった頃と比べれば、新秋津駅の開業は秋津の町と西武池袋線を格段に便利にしたことは、まちがいないといっていい。

堀割の線路の上に人工地盤でフタをしたかのような新秋津駅前から秋津駅へは、路地のような道を少し歩いて秋津駅の駅前通りをまっすぐに。その道すがらには居酒屋やチェーンのファーストフードを中心に飲食店が建ち並ぶ。夕方以降になると、立呑み屋から漂ってくる焼き鳥の香りが食欲をそそる。

新秋津駅から秋津駅までの道筋は繁華街になっている

もともとこういう飲み屋街があったのかどうか。きっと、乗り換えのお客が増えるにつれてこうした店が揃ってきたのだろう。わざわざ遠方から訪れる人もいるような、知る人ぞ知る名店もあるらしい。だから、町の活性化という意味では〝町の中を歩かせる乗り換え〟もマイナスばかりではないようだ。

雨の日には困っている人が多い、ということで2000（平成12）年頃には地元の商店会が置き傘のサービスをやったこともある。商店会が300本も傘を用意して、乗り換え客に使ってもらおうという親切なサービスだった。が、残念ながらその置き傘は半年ばかりで1本もなくなってしまったという。いまは似たようなサービスとして傘のシェアリングサービスがあるらしいが、こちらはあくまでも有料。タダのサービスばかりでは治安も荒れる、ということなのだろうか。

新秋津駅から食欲を刺激されながら秋津駅に着くと、こちらは新秋津駅よりもだいぶ小さな規模感だ。秋津駅は、ちょうど駅構内で東京都清瀬市・東村山市・埼玉県所沢市の三市が接している（武蔵野線の新秋津駅は純粋な東村山市内の駅だ）。駅前再開発などが簡単ではなさそうなのは、店舗や住宅が駅舎の目の前まで広がっている風景からもよくわかる。

夜に駆けるカルチャータウン――東所沢

新秋津駅を過ぎて西武池袋線の線路の下を掘割でくぐると、いよいよ武蔵野線の旅は埼玉県に入る。

武蔵野線の名前の由来は、武蔵野台地一帯を指し示す「武蔵野」という地域名にある。明確な定義が存在しているわけではないが、だいたい東京の多摩地域から埼玉県中南部をイメージすればはずれはない。

武蔵野とはどんな地域なのか。これもまた、ひとことで言い表すことは難しい。有名な国木田独歩の『武蔵野』に従うならば、雑木林が生い茂り麦や桑の畑が広がり、その合間に人の営みがあるといったような、典型的な田園風景ということになろう。

ただ、さすがにいまのご時世も武蔵野全域が田園地帯ということはまったくない。むしろほとんどが東京都心のベッドタウンと化している。

そんな中、わずかながらに〝武蔵野〟らしい風景が沿線に広がっているのが、埼玉県に入る前後から荒川を渡るまでの区間だろう。堀割と高架が入り交じりながら、北東へと進路を取って走ってゆく。住宅地がビッシリという車窓風景はほとんどなく、のどかな田園風景が広がる。

東所沢駅は、そうした車窓風景の中に現れる駅だ。さすがに駅周辺は田園地帯ではなく、ちょっとした市街地の中にある。だが、駅の南側に少し歩けばのどかさを増してくるから、本質的にはこれぞ武蔵野そのものである。

西武のもはや城下町といっていい所沢市において、東所沢駅は唯一のＪＲ駅である。もともと新所沢という駅名にしようと思ったが、すでに西武新宿線に新所沢駅があるから、東所沢と称することにしたという（実は西武線にも武蔵野鉄道時代に東所沢という駅があった）。「新」を冠した駅名は、新幹線でもおなじみの国鉄の十八番だ。が、わかりやすいようでわかりにくい。「東所沢」という実際の駅名の方が、所沢市の東側にあるんですね、とすんなり理解できるので悪くない。

東所沢駅の東側、新座寄りには武蔵野線の車両基地である東所沢電車区があるため、朝や夜には東所沢発着の電車が何本か設定されている。だから武蔵野線ユーザーならば降り立つことはなくともこの駅の名前くらいは知っている

サクラタウンにあわせてリニューアルした東所沢駅

はずだ。

駅構造はいたってシンプル。堀割の中を通る線路の上を跨ぐ道路に面して駅舎が建つ。武蔵野線の駅舎は、どことなく国鉄時代の面影をとどめた武骨なものが多い印象がある。しかし、案に相違して東所沢駅は妙に現代的、ファッショナブルなデザインである。

サクラタウン開業とともに東所沢駅構内には壁画も登場

これは、2020（令和2）年11月にグランドオープンした、ところざわサクラタウンという施設にあわせたものだ。

もともと下水処理施設やゴミ処理場だった東所沢駅北側の一帯を再開発して生まれたのがところざわサクラタウン。出版大手のKADOKAWAが運営する文化施設で、オフィスやイベントホール、書店、レストラン、さらにはホテルや神社までが揃っている。ふつうの大型商業施設の類いとは異質で、簡単にいえばマンガやアニメ文化の発信拠点、といったところだ。クールジャパンの総本山を目指す、などともいわれている。メイン施設のひとつである本棚劇場では、2020（令和2）年末のNHK紅白歌合戦でYOASOBIが『夜に駆ける』を歌う舞台にもなった。

なぜ東所沢が、という疑問も浮かぶところではあるが、ちょうど下水処理施設の跡地などの遊休地があったことがいちばん大きな理由だろう。また、KADOKAWAとは縁もゆかりもないが、東所沢駅近くの〝武蔵野〟がジブリ映画『となりのトトロ』の舞台になったというエピソードとも関係しているのかもしれない。

いずれにしても、東所沢駅は突如としてアニメツーリズムの聖地の最寄り駅になった。コロナ禍の最中のオープンなので、ところざわサクラタウンによってお客の数が増えたかどうかははっきりとはまだわからない。ただ、駅舎の外観デザインもサクラタウンにあわせてリニューアルしたくらいだから、武蔵野線にとっての期待も大きい。

サクラタウンを除けば、東所沢駅周辺は住宅地だ。開業時点では完全なる田園地帯だったが、所沢市はいちはやく区画整理に取りかかり、住宅地を生み出している。いまでも羽田空港・成田空港へのリムジンバスが駅前にやってくる。リムジンバスの拠点は所沢だが、必ず東所沢駅前にも寄ってくれるというのは住んでいる人にとってありがたい。このあたりも、東所沢駅は単なる武蔵野線の一駅ではなく、市の東部発展の一大拠点であるぞ、という所沢市の強い意志が伝わってくるのである。

武蔵野の真ん中にアトムとともに――新座

新座駅もまた、実に〝武蔵野〟らしい駅である。

東所沢駅から田園風景を眺めながら走る武蔵野線は、堀割から高架へと駆け上って新座貨物ターミナルを横目に新座駅に着く。国鉄時代には貨物ターミナルの駅長が新座駅も管理するという、完全な貨物のおまけ、武蔵野線らしい駅であった。

新座駅がある埼玉県新座市は、人口約17万人を抱える東京のベッドタウンだ。貨物ターミナルがあり、市域の真ん中を国道254号と関越自動車道が通る。そうした交通の便に恵まれた環境から、物流系の企業が集まるエリアもある。

ベッドタウンらしい風景はどちらかというと市の外縁部に集中している。それは、新座という町が歴史的に鉄道に恵まれてこなかったからだ。かろうじて敷地が新座市に引っかかっている東武東上線の志木駅、また西武池袋線の清瀬駅や東久留米駅、保谷駅など市外の駅に通勤通学を頼ってきた。

だから、どうしても町の発展は外縁部に偏ってしまい、中央部がぽっかりと空いたドーナツ型になってしまっていたのだ。

そんなところにできたのが、新座駅である。貨物ターミナルの添え物、おまけ扱いされたところで、待望の町の中心駅であるということは揺るがない。発展が遅れていた地域に通った武蔵野線と、その真ん中にできた駅だから、開業当時はザ・武蔵野だ。

▲▲高架下に出入口のある新座駅
▲野火止用水が通る町にちなんで、新座駅前には水車のオブジェ

駅の北側には臨済宗妙心寺派の禅宗寺院・平林寺がある。道場を持つ修行禅寺で、雑木林と一体となった境内はいかにも武蔵野らしい風景を織りなす。また、〝知恵伊豆〟の異名を取った江戸時代初期の老中・松平信綱が、新田開発のために玉川上水を分水したのがはじ

まりという野火止用水も近くを流れる。これもまた、昔ながらの林野を活かしつつ人が手を加えて営みを続けてきた武蔵野ならではだ。その野火止用水のおかげかどうか、開業前の新座駅周辺にはブドウ畑も広がっていたという。

そこにあとから分け入って現れたのが、武蔵野線と新座駅、というわけだ。

だから、新しい町の中心のターミナルに寄せる期待の大きさの反面、武蔵野の風景を一変させてしまうかもしれない新駅に反対する人も少なくなかった。周辺の農家を中心に、駅前の区画整理にも激しい抵抗もあったようだ。武蔵野の原風景の変貌が、開業当時の新座駅に刻まれた歴史である。

それでも新座駅開業後に川越街道（国道２５４号）が整備され、駅と街道の間には商業施設が建ち並ぶようになった。北側はまだまだ田園風景が残り、武蔵野とベッドタウンがうまく共存しているように見える。実際にはいろいろそれぞれの思うところがあるのだろうが、少なくともいまの新座駅は立派な町のターミナル。開業当時は町から市になったばかりで人口はまだ6万人前後だった新座の町も、50年経って10万人以上人口を増やしている。

こうしたベッドタウン・新座の発展の礎は、市域の外縁部に通っていた放射状の郊外路線。そして、起爆剤になったのは町の中央に誕生した武蔵野線と新座駅なのだ。

新座駅のホームに立つと、耳馴染みのあるメロディーが聞こえてくる。この駅の発車メロディは、『鉄腕アトム』のテーマなのだ。

『鉄腕アトム』の発車メロディといえば、高田馬場がよく知られる。ご当地発車メロディのパイオニアだ。手塚プロダクションが高田馬場に本社を置き、お茶の水博士が長官を務める科学省も高田馬場にあったから、というフィクションとノンフィクションを取り混ぜた理由がある。

新座駅の場合は１００％ノンフィクションで、手塚プロダクションの制作スタジオが新座にあることから。軽快で、それでいて勇ましい気持ちになって、新座駅を後にするのであった。

東上線最大の途中駅――北朝霞

武蔵野線の駅の中で、いちばん利用者数が多いのは西船橋駅だ。唯一の10万人超え、1日平均の乗車人員は11万9941人もいる。これはJR東日本全体でも15位にランクインしていて、全国的に見ても賑やかな駅、ということができる。

ただ、これは武蔵野線のお客が多いというわけではない。西船橋駅には総武線・京葉線のお客もいるし、地下鉄東西線との乗り換え客もいる。その中で武蔵野線ユーザーがどれくらいの比率を占めているのかはわからない。ある程度貢献していることは間違いないだろうが、西船橋駅に堂々と〝武蔵野線ナンバーワン〟と胸を張られると、他の駅の立場ではちょっとモヤモヤしてしまう。

そこで、西船橋駅を除いて乗車人員のランキングを見てみると、第1位が南越谷駅、そして第2位がこの北朝霞駅、である。2022（令和4）年度の1日平均乗車人員は実に6万3526人。JR東日本全体では第59位だから、かなり健闘しているといっていい。なにしろ北朝霞駅、JR線としては単独駅で、乗り換え相手は東武東上線なのだ。

市域の中心にまったく鉄道がなかった新座市とは違い、朝霞市には南東から南西に向けて東武東上線が通っている。だから、新座のように町の中心に、という期待は最初からなかったにちがいない。何しろ、開業当時の北朝霞駅前には畑が広がり、ゴボウやニンジンがうわっていたほどだったとか。とうぜん、町のターミナルとしての期待値も低かった。

何より、肝心の乗り換え相手、東武東上線の朝霞台駅もまだ開業していなかったのだ。朝霞駅という、池袋直結の立派な町の玄関口があったのだから、それでもう充分だと思ったのだろう。朝霞台駅が開業したのは、武蔵野線開業から1年4か月遅れた1974（昭和49）年8月6日。これにて、北朝霞駅は東武東上線との乗り換え駅となり、北

高架の武蔵野線北朝霞駅。左手には地上駅の東上線朝霞台駅がある

朝霞・朝霞台駅周辺の発展の足がかりを得ることになった。事実上、北朝霞駅の歴史はこのときにはじまったといっていい。

武蔵野線の建設が進んでいた1969（昭和44）年1月の新聞記事によれば、武蔵野線の建設と北朝霞駅の開業が決まっても、東武鉄道サイドには駅を設ける予定はなかったという。それが1967（昭和42）年になって、朝霞市が東武鉄道に対して駅の開設を要望し、建設が決まった。

当時の東武鉄道の担当者の声も載っている。いわく、「こちらはそれほど必要を感じていませんでしたから、（工事は）だいぶ遅れていますし、こうした場合、話し合いは行われないんですよ」。なんだかだいぶつれない態度である。ちなみに、〝話し合い〟とは、乗り換え駅を同じ駅舎にするかしないか、という話し合いのこと。朝霞台駅開業を控え、駅舎が別々になっていることに対して不便じゃないかという指摘に答えたものだ。

武蔵野線を建設したのは日本鉄道建設公団で、運営は国鉄。東武東上線の朝霞台駅はもちろん東武鉄道の駅だ。だから、合同駅舎にしようとすると調整がかえってややこしくなり、永遠に決着せずに駅もできない、なんてことになりかねない。だから、あえて話し合いはせずにやっていこうということなのだろう。

ニンジン畑の真ん中に、そんな悲しいスタートを切った北朝霞駅。ただ、駅近くの山林を住宅公団に売却して16億円を手にし、埼玉県の長者番付1位に躍り出た地主さんもいたらしい。乗り換え駅の誕生は、やはり駅周辺の発展には大きなきっかけになったのだ。

いま、北朝霞駅に何があるのかと問われると、正直答えに窮してしまう。北朝霞駅と朝霞台駅に挟まれたロータリーは広々としていて実に立派で、東武の改札に向かう階段の途中には狭いながらもドトールコーヒーがある。駅周辺は商業地というよりは住宅地。新しいマンションなども建ち並んでいる。しかし、それ以外には何もない。

相方の東上線の朝霞台駅は、開業してからみるみるお客を増やしていって、2022(令和4)年度の1日平均乗降人員は14万3856人。東武東上線の中では、池袋駅・和光市駅に次ぐ第3位に君臨している。和光市駅は地下鉄直通列車の乗客を含めた数字なので、事実上、朝霞台駅は東上線ナンバー2といっていい。開業当初から比べると、実に3倍以上にまで増えている。

最初は各駅停車しか停まらなかったところ、1998(平成10)年には急行が停まるようになり、2013(平成25)年には快速もそれに加わった。2019(平成31)年のダイヤ改正では、新登場の「川越特急」も停車。2023(令和5)年に快速の廃止と引き換えに快速急行の停車駅となり、いまや押しも押されもせぬ、東上線随一の途中駅になったのだ。

東上線にはほかに川越駅やら朝霞市の本来のターミナルであった朝霞駅やらがある。そうした並みいる強豪を抑えて堂々たる朝霞台。もしも武蔵野線がなければ、いまも周囲一帯はニンジン畑だったのかもしれない。それを思えば、武蔵野線のもたらしたインパクトはあまりに大きい。

東武東上線の運転パターンも変え、沿線に暮らす人々の行動パターンにも影響を及ぼした。それまでは、都心方面一辺倒だったところに、武蔵野線への乗り換えで浦和・大宮方面にも、はたまた国分寺方面にもアクセスができるようになった。新秋津・秋津乗り換えを使えば、埼玉西武ライオンズの野球観戦にも便利だ。首都圏を代表する通勤通学路線・東武東上線。それを形作った陰の立役者は、紛れもなく武蔵野線、なのである。

なお、武蔵野線の北朝霞駅も、おかげさまで大成長。狭い島式ホームにたくさんのお客がひしめくようになった。2014(平成26)年、ホームを40m延長、上下線の列車をずらして停車させてお客を分散させ、安全性を高めている。

年のことだ。

武蔵野線側も、東武側も、どちらもはじめは想定もしていなかった大発展。「駅の必要はあまり感じていなかった」当時の東武鉄道さん、いま振り返ってどう思います?

撮り鉄と田島団地——西浦和

北朝霞駅の喧噪を抜けると、北側に朝霞浄水場を見て、のどかな田園風景とともに武蔵野線は新河岸川・荒川を続けて渡る。荒川橋梁のすぐ東側には彩湖が広がっていて、河川敷はゴルフ場や公園に。歩ける距離でも見える距離でもないが、彩湖のほとりには美女木ジャンクションもあり、埼玉県戸田市にも近い。西浦和駅があるのは荒川のほとりの、そんな場所である。

西浦和駅の西側には、新大宮バイパス・首都高埼玉大宮線が通っている。重なり具合でいうと、地上に新大宮バイパス、その上に横切るようにして武蔵野線の高架、さらにその上に首都高埼玉大宮線の順番だ。鉄道や道路は、よほどの事情がない限り出来た順番に上に重なっていく。それが見事に体現されている。

つまり、武蔵野線に乗って旅をしていると、荒川を渡って首都高の高架をくぐるという、なかなかダイナミックな経験をすることができる。50年前に開業した武蔵野線は、鉄道路線の中では歴史が浅い。だから、だいたい武蔵野線が上を跨ぐ。それが、西浦和駅の手前では下をくぐるという珍しいシーンを体感できるのだ。これはもう、見逃さないように覚悟を持ってのぞむべし、である。

そうして高架の西浦和駅に着くと、島式ホームの下り方の端っこに、カメラを担いだ集団が集まっていた。貨物列車も盛んにやってくる武蔵野線だから、あちこちの駅にいわゆる〝撮り鉄〟が出没している。スタート地点の府中本町駅もそのひとつ。そして、西浦和駅もまた、〝撮り鉄〟が集まる駅になっているのだ。

▲荒川の土手を跨ぐ武蔵野線。周辺は公園になっている
◀高架下に出入口が設けられることの多い武蔵野線。西浦和駅もそのひとつ

撮り鉄のみなさんの後ろから、そっと彼らのカメラの向いている先を見る。西浦和駅からほどなく、武蔵野線は東北本線に向かう大宮支線を分岐させる。その上り線は、本線を跨ぐように立体交差になっている。そこをちょうど、貨物列車が下ってきた。撮り鉄のみなさんは一斉にシャッターを切る。貨物路線たる武蔵野線を、ぞんぶんに味わえるのがこの西浦和駅、というわけだ。

ただし、この西浦和駅の東側で分岐する支線を通っているのは、貨物列車ばかりではない。そう、武蔵野線ユーザーがこよなく愛するあの列車、「むさしの号」。彼もまた、貨物列車と同じく支線を通って東北本線に乗り入れる。

「むさしの号」のなんたるかは、あとの章でも触れるつもりなので、ここではあまり深追いはしないでおく。かんたんにいえば、八王子もしくは府中本町駅を起点に大宮支線を介して東北本線に入り、大宮駅までを結ぶ列車だ。ルーツは大宮駅での新幹線接続列車だが、いまは通勤通学路線の趣が強くなっている。武蔵野線沿線の人々を、乗り換えなしで大宮まで運んでくれる、神様のような列車だ。

新幹線に乗り継ぐも良し、大宮の繁華街に繰り出すも良し。武蔵浦和駅や南浦和駅で乗り換えるのと比べれば、所要時間も大幅に短縮される。もはや「むさしの号」語らずして武蔵野線語るべからずと断じてもいいくらいに、武蔵野線沿線の人々の暮らしを支えている列車である。

で、この「むさしの号」が武蔵野線から分岐するのが西浦和駅である。ただし、西浦和駅の手前からすでに支線の線路と本線が分かれていて、複々線になっている。そのため、「むさしの号」は西浦和駅ではホームを持たない線路を走ることになり、つまりは停まらず通過してしまう。このとき、ちょっとだけ西浦和の人たちに申し訳ない気持ちで車窓を眺めるのが常だ。いつも素通りして、ゴメンナサイ。

西浦和駅は高架下に改札口があり、そのまままっすぐ高架下のプチ商業ゾーンの間を抜けると、新大宮バイパスに直結している。駅の南北にも小さな出入り口があるので、そちらを使っても西浦和の町に出る。

基本的に周囲はまったくの住宅地で、駅の近くには小さな商店街が通っている。「田島」という名があちこちに見えるが、それはこのあたりのもともとの地名だ。

開業当時はご多分に漏れず周囲一帯は田園地帯だった。ただ、駅の南側には忽然と巨大な団地群がそびえていた。総戸数約１９００戸、１９６５（昭和40）年に完成した田島団地だ。日本住宅公団が浦和市内では南浦和団地に次いで手がけたマンモス団地である。

武蔵野線開業よりも前から田園地帯に田島団地が現れて、新大宮バイパスも整備された。ただ、鉄道がなければ交通の便はいまひとつ。そこに武蔵野線が現れて西浦和駅が開業したのだから、田島団地の人たちの喜ぶまいことか。そして、団地の周囲はあっというまに住宅地に生まれ変わり、浦和市内のベッドタウンとして地位を確立していった。

そうした歴史を持つ町にあって、西浦和駅の存在感はなぜだか妙に薄い。ほんらいならば、地域の玄関口としてもっと誇らしげにしていてもいいのに、とすら思う。高架の下にひっそりと、それでいてすぐ脇には首都高の高架が通っているから改札口周辺は薄暗い。駅前広場は北口に小さなものがあるだけで、団地に近い南側は駅から出るやいなや生活道路だ。

ただ、これもまた、先に団地、後から駅ができた町だから、なのだろう。生活の中にある駅は、かえって堂々としすぎていないほうがいい。

ロッテの選手も武蔵野線通勤？——武蔵浦和

かくいうぼくも、武蔵野線を愛用している。とくに、東北・上越・北陸新幹線に乗るときは決まって武蔵野線を使う。タイミングがあえば例の「むさしの号」に乗るが、いかんせん本数が少ないので、武蔵浦和駅で埼京線に乗り換えることが多い。

南浦和駅で京浜東北線に乗り換える手もあるが、大宮駅での新幹線のりばが京浜東北線だとちょっと遠いのだ。埼京線は大宮駅で地下ホームを使うが、その真上に新幹線のりばがあるから、スムーズに階段を登っていけばものの5分で乗り継げる。そんなわけで、もっぱら武蔵浦和で乗り換えている。

あくまでも武蔵浦和駅は乗り換えで使うだけだけだから、改札の外に出ることはまずない（おカネが余計にかかりますしね）。ただ、さすがのJR東日本さま。埼京線の高架の下のコンコースには、エキナカ商業施設があるのだ。丸亀製麺やラーメン店で食事をしたり、ベックスコーヒーで休憩をしたり。別に疲れるほどの場所でもないのだが、エキナカでこうした時間を過ごせる武蔵野線のターミナルは、武蔵浦和駅をおいて他にない（府中本町・西船橋にもエキナカはありますが、どちらも終点ですから……）。単に大宮駅での新幹線乗り換えの便だけでなく、こうした点でもぼくは武蔵浦和駅をよく使っている。

それで思うところのひとつは、武蔵浦和駅、なんだか武蔵小杉に似ていやしませんか、ということだ。

別にこれは、「武蔵」を頭においているから似ていますよ、などという与太話ではない。駅の周りにタワーマンションが次々と建ち並び、放射状路線と武蔵野線・南武線という環状路線が交わるターミナル。ついでに駅はないけど新幹線の線路が通っている。そして、どちらも町としての発展からみれば新参者だ。このあたり、共通点ばかりではないか、と思うのだ。

……などというと、武蔵小杉派のみなさまからはお叱りを受けることになりそうだ。武蔵小杉のほうがスケールでは圧倒的ですよ、と。

それもまた、その通り。1日に10万人近い乗車人員を誇る武蔵小杉に対し、武蔵浦和駅は半分以下で5万人にも達していない。まあ、この数字はJR線同士の乗り換え客を含まないから、東急東横線との乗り換え駅という役割も持つ武蔵小杉が優位なのもしょうがない。それに、タワマンの数も駅周辺の商業施設の規模も、武蔵小杉の方が遥かに大きい。だから、言い方を変えると「武蔵浦和は武蔵小杉のミニチュア版」としたほうが正しいのかもしれない。

いずれにしても、武蔵浦和駅の周囲には、最近になって次々にマンションができている。再開発の真っ只中にあるといっていい。そして、そんな開発の契機になったのは、やっぱり武蔵野線である。

武蔵野線武蔵浦和駅が開業したのは、線路が通ってから10年以上が経ってからの1985（昭和60）年。もともと

武蔵浦和駅は高架下に商業施設

は田島信号場という、西浦和支線の分岐点に過ぎなかった。浦和の市街地の外れにあって、とりたてて何があるわけでもない場所に、駅ができようはずもない。

ところが、ちょうどその場所に新幹線が通ることになり、あわせて〝通勤新線〟として埼京線も通ることになった。埼京線と武蔵野線の交差地点に新たに武蔵浦和駅を設け、両者の乗り換え駅として開業したのである。

駅周辺の発展めざましい武蔵浦和駅

駅周辺に開業前からあったのは、ロッテの浦和工場くらいなものだ。それ以外は、高架下の商業施設もタワーマンションも何もなかった。開業時点では、将来的に新幹線の停車駅にしようなどという野望を抱いていた節もある。

ほどなく突入したバブル景気を待ったかのように、武蔵浦和周辺を大開発して浦和の副都心にしようという計画が持ち上がる。ところが、ここで大問題。西口駅前広場の予定地が当初から変更になり、その直前にリクルート・コスモスが用地を買い上げていた。これが1988(昭和63)年のリクルート事件にからんで発覚し、当時の市長への収賄疑惑なども浮上。バブルによる地価高騰もあって、すっかり副都心計画が頓挫してしまった。

それでも駅ビルもある乗り換えターミナルのもたらす影響は底知れない。90年代の終わり頃には雑誌などにも「住みたい町」として盛んに取り上げられたりもしている。そしてリクルート事件やバブル崩壊の余波がようやく収まった00年代以降、改めて本格的に再開発がリスタート。少しずつタワーマンションが生まれて、現在の形を完成させていった。

ちなみに、そんなあれこれをやっている最中の１９８９（平成元）年には、工場の南にロッテ浦和球場が完成した。いまも千葉ロッテマリーンズの二軍の本拠地・練習場として使われている。あの佐々木朗希も、武蔵浦和の浦和球場で研鑽を積んで幕張でデビューした。

いまはどうだか知らないが、浦和にある寮で暮らす若手選手が幕張で一軍の試合に出るときは、武蔵野線を使って〝電車通勤〟をしていたという話を聞いたことがある。乗り換えなしで一本だから便利というべきか、若手とはいえプロ野球選手にいくらなんでも、というべきか。もしかしたら、武蔵野線の存在がロッテの若手育成を支えていた、のかもしれない。

競馬場か、学習塾か――南浦和

武蔵野線のほとんどの駅は、開業当時に生まれた新駅ばかりである。他路線との接続駅として賑わうターミナルであっても、武蔵野線が通ってその駅ができてから、乗り換え先の駅も生まれて育ってきた。ほぼすべて、武蔵野線沿線の町も交わる路線も、〝武蔵野線育ち〟といって過言ではない。

ただ、そうした中にあって、少ないながらも〝武蔵野線育ち〟ではない駅もある。南浦和は、まさにそんな駅のひとつだ。

南浦和駅が開業したのは１９６１（昭和36）年7月1日。武蔵野線開業の12年も前のことである。その当時、南浦和駅にホームを持ったのは京浜東北線ただひとつ。蕨～浦和間に車両基地（現・さいたま車両センター）が設けられたことを受け、駅間距離を短縮させて輸送効率を良くするために開業させた。

ということは、裏を返せばそれまで駅が必要になるほどの町があったわけではない、ということである。

実際に京浜東北線の南浦和駅が開業した前後の時期の地図や航空写真を見ると、浦和の市街地のちょうど南の外れにあたり、南浦和駅一帯の開発は緒についたばかり、といった様子が見て取れる。ただ、南側には日本住宅公団の南浦和団地が建設されるなど、市街地の拡大は進んでいた。なので、武蔵野線の開業があろうがなかろうが、南浦和駅周辺が完全に浦和市街地の中に飲み込まれるのは時間の問題だったのだろうと思う。

南浦和駅の西口。2路線の交わる駅とは思えないほどシンプルな橋上駅だ

武蔵野線開業前後の時期には、地価の値上がりを待つ地主がたくさんいたおかげで、開発は順調に進まなかったとか。ただ、いったん開発がスタートすれば、みるみるうちに町は変貌する。

いま、南浦和駅にやってくると、駅そのものは実に小ぶりでコンパクトだということがわかる。地上を通る京浜東北線とＪＲ宇都宮線。その橋上駅舎にくっついて、いかにも〝後付け〟の印象を持たせる武蔵野線のホームが横断している。いわば、武蔵野線の乗り入れは南浦和駅にとっては建て増しだ。駅舎そのものを大きくリニューアルするといったことは、武蔵野線開業の折もそうだし、それから50年経っても特に行われていないようだ。

おかげで１日の乗車人員が５万１３０８人という、武蔵野線全26駅の中では武蔵浦和駅を上回って第4位に入る、そんな大きな駅とはとうてい思えない。

が、駅の外に出ると、そりゃあもう5万人ものお客が毎日行き交っているのも納得できるだけの賑わいがある。主たる出入り口は東口だろうか。ロータリーの真ん中には大きな時計塔が立っていて、まっすぐ東に（つまり武蔵野線と平行に）伸びる道路沿いを中心に無数の商業施設が建ち並ぶ。

反対の西口に出ても、こちらも東口に負けないくらいの、いやそれ以上に立派な広場。これまた武蔵野線に並行して少し歩くと、丸広百貨店の浦和店がある。それ以外にも、周囲は住宅や商業施設が密集する、わかりやすいくらいの市街地のど真ん中だ。

そうした市街地の中を、背丈の高い高架の武蔵野線が横切ってゆく。いくらなんでも規模は違うが、秋葉原のような印象を抱く。秋葉原も、町の真ん中を総武線の高架がかなり高いところを走っている。

南浦和駅に降り立ったことは、今回がはじめてではない。京浜東北線と乗り換えたことが何度かあり、また改札を抜けて駅の外に出たこともある。だいたいの場合、目的地は浦和競馬場である。

特に印象に残っているのは、2019（令和元）年の秋だ。浦和競馬場で地方競馬の祭典・JBC（1日に複数のG1レースが行われるビッグイベント）が行われたのだ。

浦和競馬場は東京競馬場や中山競馬場などの中央競馬の競馬場とは違い、規模の小さな地方競馬場だ。JBCのようなビッグイベントとなると、小さな競馬場に数万人、10万人に迫ろうかという観客が押し寄せる。競馬場の中は、スタンドの奥の奥まで立錐の余地もないくらいに混み合っていた。最寄りの南浦和駅前も、競馬客で大賑わい。そんな経験をしているものだから、南浦和駅は競馬場の駅、ギャンブル駅だと思い込んでいた。

南浦和駅東口から武蔵野線高架を望む。通常の高架より高いところを走っている

しかし、どうやら南浦和駅の本質はそればかりではないようだ。むしろ、ギャンブルなどというあまり品の良くないものよりも、文教地区としての側面が、南浦和の町を特徴付けている。

南浦和駅周辺には、学習塾や進学塾がたくさんあるそうだ。夕方から夜にかけては、塾通いの子どもたちが町を賑わす。また、武蔵野線沿線に大学、それも女子大が多いものだから、京浜東北線から乗り換えて通学する女子大生が目立つ町、という人もいる。

そうした側面をみると、南浦和駅の本質はますます見えなくなってくる。ただ、いずれにしても間違いのないことは、南浦和を市街地の中に飲み込んだいちばんのきっかけは、武蔵野線ではなく京浜東北線だということ。南浦和駅は、やはり武蔵野線では数少ない〝武蔵野線育ち〟ではない駅なのである。

実は全国屈指の混雑区間――東浦和

あるところには雑木林が生い茂り、またあるところには畑が広がり、ところどころに住宅地。そんな武蔵野台地の上の〝武蔵野の風景〟は、いつの間にか見られなくなっていた。武蔵野線は、北朝霞～西浦和間で武蔵野台地を駆け下りて荒川を渡ったあたりから、その名に反して〝武蔵野〟のイメージとは少し違うエリアを走る。

武蔵浦和・南浦和付近は大宮台地の南の端っこだ。そして東浦和駅も、そうした場所に設けられている駅のひとつ。堀割の中にホームが置かれ、人工路盤の上に駅舎が設けられている。そのまま線路と交差する大通りにアプローチ、駅舎の両脇（つまり堀割の脇）に駅前ロータリーを従えている。まあ、このあたりは武蔵野線では東所沢駅などですっかりおなじみの構造なので、あらためて詳しく取り上げる必要もなかろう。

むしろ、東浦和といったら〝撮り鉄〟のみなさんにはおなじみの駅なのではないかと思う。東浦和～東川口間には、浦和の市街地とはうってかわって田園地帯が広がっていて、武蔵野線を走る貨物列車の写真を撮るのにうってつけ。

抜けの良い写真が撮れるスポットがあるそうだ。人呼んで、〝ヒガウラ〟。浦和市街地の中を走ってきた武蔵野線が、ふたたび田園地帯に入るのが、この〝ヒガウラ〟なのだ。

ただし、東浦和駅そのものはただの牧歌的な駅ではない。

1日平均の乗車人員は、2022（令和4）年度で2万5887人。武蔵野線全体で第11位に入る。つまり半分よりは上にいる、ということだ。そして、他路線との乗り換えがない単独駅としては、越谷レイクタウン駅に次ぐ二番手だ。すなわち、東浦和駅は駅東側の牧歌的な風景とは裏腹に、なかなか多くのお客を抱えている駅といっていい。

もうひとつデータを提示しよう。武蔵野線の再混雑区間は、東浦和〜南浦和間の上り列車なのだ。開業当初は新小平〜西国分寺間だったが、旅客路線として充実するにつれて混雑区間は東に移り、東浦和〜南浦和間になった。

きっと、新松戸・南流山・南越谷・東川口とお客が乗ってきて、ベッドタウンの東浦和でとどめを刺す。で、乗ったお客は南浦和駅から少しずつ降りてゆく、という流れなのだろう。2022（令和4）年度の混雑率は、148％に及ぶ。

通勤ラッシュの混雑率が高いことは何の自慢にもならないが、首都圏の鉄道路線の中では埼京線の板橋〜池袋間に次いで2番目だ。全国に目を広げても、上には西鉄貝塚線名島〜貝塚間があるくらい。つまり、武蔵野線の東浦和〜南浦和間は、全国屈指の混雑区間なのである。

東浦和駅は堀割上の人工地盤の上に駅舎が

“ヒガウラ”を走る武蔵野線。田園風景が続く

もちろんこれは東浦和駅だけのおかげではない。ただ、乗り換えのない単独駅ながら2万5000人を超えるお客がいるのだから、決して軽視することもできない。駅の周辺、田園地帯の東側の低地部以外は、団地群もあるようなわかりやすいくらいの住宅地になっている。よくよく考えれば、浦和というかつては県庁を抱いた都市の一角だ。それも地方ではなく、首都圏の一員。そんなところに広がっていた田園地帯に鉄道が通って駅ができれば、発展して人口が増えるのもあたりまえである。

そして、駅の東側に歩いてゆけば、撮り鉄さんはともかく、開業当時と変わらぬ武蔵野線沿線の風景が広がる。

東浦和駅東側は低地になっていて、かつては見沼という沼地だった場所だ。江戸時代中ごろに干拓・新田開発がされ、見沼代用水という灌漑用水が整備された。そして、見沼通船堀という閘門式運河も設けられた。それはいまでも東浦和駅のすぐ近くに残っている。見沼の新田で獲れた米を江戸に運ぶために設けられたものだという。

東京、古くは江戸の近郊の開発は、低地に広がる沼地の干拓とその後の用水路整備が最大の悩み所だったようだ。それをうまく実現し、新田による恵みをもたらし、さらに輸送用の運河まで。そういった歴史まで立ち戻ると、東浦和駅というしがない駅の姿もまったく変わって見えてくる。

開業以後はベッドタウンの玄関口として成長し、いつしか全国屈指の混雑区間にまでなった。その一方では江戸時代以来の新田開発の歴史が田園地帯の中に眠る。これもまた、実に武蔵野線らしい風景なのだ。

埼スタへGO!――東川口

武蔵野線が通る自治体の中で、もっとも駅の数が多いのは埼玉県さいたま市である。いやいや、さいたま市は合併して広いから、と思われるだろうか。ならば付け足すと、さいたま市内の武蔵野線の駅は4駅。いずれも旧浦和市内に属する。そのうち、武蔵浦和・南浦和の2駅が乗り換えのターミナルとして煌々たる存在感を放つ。浦和は、武蔵野線の中核をなす町なのである。

その浦和といえば、サッカー・Jリーグの浦和レッズだ。1950年創部の三菱自動車工業サッカー部を前身とする伝統あるチームで、いまも人気・実力を兼ね揃えた強豪クラブであることは間違いない。

その浦和レッズと武蔵野線の関係は、どうなっているのだろうか。

答えを教えてくれるのは、東川口駅である。

浦和、つまりさいたま市からちょっと東に飛び出た東川口駅は、文字通り川口市の東端に位置している（正確に言えば、北東の端っこ）。そして東川口駅は、市内の中央部を南から北へと貫いてきた、埼玉高速鉄道線（埼玉スタジ

浦和学院高校のスクールバスも発着する東川口駅

アム線）との乗り換え駅でもある。東川口駅で埼玉スタジアム線に乗り換えて、北へひと駅行けば浦和美園駅。そこから線路沿いを少し歩けば、浦和レッズのホームスタジアム・埼玉スタジアム２００２である。かくして、東川口駅は、武蔵野線における埼玉スタジアム２００２の玄関口なのだ。

埼玉スタジアム２００２というのはさいたま市の南東の端っこにあって、交通の便には恵まれていない。通っている鉄道は埼玉スタジアム線だけだ。なので、マイカーやバスに頼らず浦和の中心市街地から埼玉スタジアムに行こうとすると、南浦和か武蔵浦和で武蔵野線に乗り換えて、東川口でまた埼玉スタジアム線に乗り換えて、となる。東川口駅は、そうした人たちを温かく迎える、埼スタゲートウェイといっていい、そんな駅である。

東川口駅前には、埼玉スタジアム線の建設に使われたシールドがオブジェに

高架下の東川口駅の改札口を出て、南北それぞれにある駅前広場に出ると、そこに埼玉スタジアム線の地下ホームに通じる出入り口がある。高架下の武蔵野線の改札周辺は、目が痛くなるほど緑一色、JR東日本のコーポレートカラーで染められている。埼玉スタジアム線の入り口は青とオレンジがあしらわれた、こちらもコーポレートカラーだ。あまりに武蔵野線側が真緑なので驚いたが、きっと間違えて乗る人がいないように、という配慮なのにちがいない。

武蔵野線の東川口駅が開業したのは１９７３（昭和48）年、路線開業ともちろん同じタイミング。開業前の仮の駅名は、「美園」といった。かつてこの一帯は美園村に属しており、それが浦和市と川口市に分割されて編入された。浦和側はもちろん浦和美園駅の美園である。そういう観点からも、東川口駅が埼スタ玄関口だというのは実に理にかなっている。

いっぽう、川口市側の旧美園村は「戸塚地区」という。さらにその南側には「安行」と呼ばれる植木で有名な町がある。武蔵野線の開業当時は、車窓からも植木畑を見ることができたという。これらふたつの地名を組み合わせたのが、埼玉スタジアム線の戸塚安行駅、というわけだ。

住みたい町ランキングで上位の常連になっている川口市。その中にあって、東川口駅は脇役といわざるを得ない。市域全体から見れば北東の端っこで、ターミナルの川口駅とは対角線の距離。むしろ東川口駅は浦和に近い。文化圏、などというものが浦和や川口にあるのかどうかはわからないが、東川口駅が属しているのは間違いなく浦和文化圏だろう。

東川口駅の開業が決まり、のどかな田園地帯だった駅周辺の開発をしなければ、となった折のこと。まだまだ川口が住みたい街ランキングに入るような町ではなかったころのことで、猥雑ゾーンとして知られる西川口の存在を懸念した人たちがいたようだ。なので、西川口のような町にならないように、という思いを持っての町づくりを進めたという。

それが功を奏したのか、東川口駅周辺は実に均整の取れた、静かで住みやすそうな住宅地。埼玉スタジアム線が開業したのは2001（平成13）年で、武蔵野線開業から30年近く後のことだ。

実は埼玉スタジアム線、最初の構想では東川口ではなく東浦和で武蔵野線と交差する予定だったという。それがルートの変更によって東川口にやってきた。その頃にはすでに住宅地としての町並みは完成していた。武蔵野線に乗れば浦和や大宮の中心にも近いし、埼玉スタジアム線に乗ればまっすぐ都心に直結する。他の武蔵野線乗り換えターミナルも同様だが、この環状路線と放射路線の交差地点のターミナルというのは、あまりにも交通の便が良すぎるのではないか。

東川口駅前には浦和学院高校のスクールバスがやってくる。高校生たちの賑やかな笑い声と、仕事帰りの人たちが交錯する東川口駅の夕暮れ時。その雰囲気も、実に武蔵野線らしいと思った次第である。

第2章

南越谷～西船橋

武蔵野線の旅 Part2

武蔵野線と東武の電車

武蔵野線の繁栄は、いったい何が理由なのだろうか。

この問いは、裏表のある問いである。

武蔵野線がこれほどまでに通勤通学路線として欠くことのできない存在になった大きな理由のひとつは、いうまでもなく沿線人口の増加にほかならない。開業以前はほとんど何もなかった田園地帯。そこに武蔵野線という外郭環状線が生まれると、駅ごとに住宅地が生まれ、商業地も生まれ、工場もできた。大きな道路の整備も進んだ。まるでゲームのように、武蔵野線沿線は都市の一部として発展していった。

しかし、それだけではあるまい。

武蔵野線の特徴のひとつに、いくつもの放射路線と交差しているということがある。東京都心を中心として放射状に広がっていった首都圏の構造上、とうぜんのことだ。そんな交差する放射路線の中で、特筆すべき鉄道会社がある。東武鉄道だ。

東武鉄道は、東武東上線（北朝霞・朝霞台）と東武スカイツリーライン（南越谷・新越谷）の2路線が武蔵野線と交わっている。そして、どちらもあまりに存在感の大きい乗り換えターミナルになっている。

前章で北朝霞駅についてはすでに触れているが、改めてまとめると武蔵野線全駅の中で、北朝霞駅は3番目のお客の多さ。相方の東武東上線朝霞台駅は、東武東上線内では池袋・和光市に次ぐ第3位。実は東武鉄道全体でも4位に入る。

スカイツリーラインも負けてはいない。

武蔵野線の南越谷駅は、武蔵野線内ナンバー2。2022（令和4）年度の1日平均乗車人員は、6万7815人に及ぶ。1位の西船橋駅は純粋な武蔵野線駅ではないので、それを除外すれば南越谷駅が実質の1位。毎日これだけの人が、武蔵野線に乗るためにこの駅を訪れている。

スカイツリーラインの新越谷駅はどうかというと、2022（令和4）年度の1日平均乗降人員は13万4580人。スカイツリーライン（伊勢崎線）内では、北千住駅に次ぐ。東武鉄道全体でも、北千住・池袋・和光市・朝霞台に続く5位にランクインしている。

ラッシュ時だけでなく、日中も乗り換え客で溢れる南越谷駅前

つまり、東武さんの立場から見ると、武蔵野線との乗り換え駅は東武鉄道全駅の中でもよりすぐりの大ターミナルなのだ。

東武のターミナルといえば、浅草に北千住、池袋。ほかにも大宮・船橋・柏・春日部・川越……。北関東に目を向ければ、足利・佐野・館林・桐生、さらには日光、鬼怒川と、実に広大なネットワークを持ち、さまざまな都市の玄関口を結んでいる。

そんな並みいるターミナルの中にあって、日常的な利用者でもなければどんな駅なのか見当もつかないような朝霞台・新越谷が互角の戦い。いや、互角というよりは、むしろ並みいるターミナルを押さえ込んでいるといっていい。これはいったい、武蔵野線がスゴいのか、東武さんがスゴいのか。

ちなみに、朝霞台駅も新越谷駅も、武蔵野線が開業した1973（昭和48）年時点では存在していなかった。どちらも地元の要望を受けて、武蔵野線開業翌年の1974（昭和49）年に開業している。どうやら当時の東武さん、駅の開業には及び腰だったようだ。

朝霞台駅については前章を参照していただきたいが、新越谷駅もほとんど事情は変わらない。もともと歩いて15分くらいのところに蒲生という駅があったから、そちらで乗り換えてもらえば充分という考えもあったのかもしれない。なにしろ当時の駅周辺は一面の田園地帯で、旅客列車の数も少なかった。国鉄当局すらも、たくさんお客が乗る路線としての期待はまったくといっていいほど持っていなかったわけで、東武が駅設置に消極的だったというのも無理からぬ話である。

新越谷駅の場合はさらにややこしい事情もあった。駅舎用地の費用負担を巡る調整が難航したのだ。国鉄サイドは旅客駅として南越谷駅を充実させようなどという思いはさらさらなく、東武さんも積極的に駅を設けたいわけではない。だから越谷市がうまくやらないといけないところだが、多額のお金がかかる用地買収の調整はなかなか難しい。だから埼玉県に協力を仰いでも、触らぬ神にたたりなし。

それでも、越谷市としては地域の新しい中心地として期待を寄せている以上、放っておくわけにはいかない。最終的には用地の一部を東武鉄道に市が譲渡する、というだいぶ譲歩した形で決着したという。

そういうわけで、新越谷駅は武蔵野線の開業に間に合わなかった。開業してからも各駅停車しか停まらず、1日の乗降人員は2万人程度。武蔵野線のダイヤが通勤にはあまり便利なものではなかったから、こんなものといえばこんなもの。開業当初は国鉄はもちろんのこと、東武さんもまったく期待していなかった、乗り換えのターミナルだった。

それがどうだ。50年経ったら、新越谷駅は東武鉄道全体の中でも上位に入るターミナルに育った。武蔵野線側も、事実上のナンバーワン。この50年に何があったのか、と問いたくもなる。

まだスカイツリーラインとは呼ばれず、伊勢崎線だった時代。1962(昭和37)年にはじまった地下鉄日比谷線への直通運転をきっかけとして、沿線に次々にマンモス団地が生まれて爆発的にお客が増えていた頃だ。混雑緩和のために、新越谷駅開業と同じ年の1974(昭和49)年には北千住～竹ノ塚間が複々線化されている。

そんな時期にあっては、武蔵野線との連絡効果を推し量ることは難しい。それでも、新越谷駅は開業から10年経たないうちにお客の数は倍になり、さらに10年経つとその倍に。これだけのお客の増えっぷりをみれば、伊勢崎線全体にかなり大きな影響を及ぼしたのであろうことは容易に想像できる。

開業当初は駅の設置にも消極的だった東武さんもさすがに動く。長らく各駅停車しか停まらなかったが、草加〜越谷間が複々線化した１９９７（平成９）年には、ついに準急の停車駅になる。２００６（平成18）年には特急以外の列車はすべて停車するようになった。２０２０（令和２）年にデビューしたＴＨライナーの停車駅にも選ばれている。

東武スカイツリーラインの発展への武蔵野線の功績は大きい

こうして新越谷駅は、東武スカイツリーラインの複々線区間において、押しも押されもせぬ核となる途中駅になった。もともと越谷市の玄関口として、新越谷駅のひとつ北側に越谷駅を持っていた。ただ、その越谷駅のお客は１９８０年代には新越谷駅に逆転されていて、いまも越谷駅にＴＨライナーは停まらない。

最初はお世辞にも扱いが良いとはいえなかった新越谷駅の大逆転劇。武蔵野線が通勤通学路線として、いかに重要性を増してきたのか。それは、東武側から見ても明らかなのである。

そして、スカイツリーラインのこんにちの繁栄もまた、武蔵野線の存在なくして語ることはできない。スカイツリーライン、伊勢崎線の発展の歩みを見ると、エポックになったのは地下鉄直通、マンモス団地、複々線といろいろあるが、武蔵野線の開業も、絶対に忘れてはならないできごとであった。

スカイツリーラインの繁栄が武蔵野線の繁栄をもたらし、また武蔵野線の繁栄がスカイツリーラインの繁栄をもたらした。こんにちの武蔵野線は、スカイツリーラインと一体不可分。そこまでいっても良いのではないかと思っている。

尾張名古屋は城で持つ、という言葉がある。これを武蔵野線に当てはめれば、武蔵野線は東武で持つ、東武もまた、武蔵野線で持つ、といったところだろうか。

阿波踊りはただの町おこしにあらず――南越谷

さて、ここから再び武蔵野線の旅である。

〝武蔵野線らしさ〟のイメージを形作っている町のひとつは、間違いなく越谷ではないか。それは裏を返せば、越谷という町が武蔵野線のイメージを背負わされている。もしも越谷が田舎くさいとか、野暮ったいとか、そういう印象を抱かれているとするならば、それはひとえに武蔵野線のイメージがそうだから、ということだ。沿線文化というのはこうして生まれ、定着していくのかもしれない。

東武スカイツリーラインとの乗り換え駅として揺るがぬ存在感を放つ南越谷駅だが、駅の周りもお客の数相応に賑わっている。駅ビルは東武の新越谷駅サイドにあって、主な賑わいもそちら側。なので、どちらかというと南越谷というよりは新越谷の町といったほうが正しいのかもしれない。

武蔵野線とスカイツリーラインの乗り換えは、十字に交差している線路の南東側がメイン。通勤時間帯でなくとも、あまりにたくさんの人の流れがスカイツリーラインから武蔵野線へ、武蔵野線からスカイツリーラインへと流れてゆく。町の中に出ようと思っても、意思を持っていないと人波に飲まれてそのまま乗り換えてしまいそうになるくらいだ。

そんな人波を振り払い、駅の周りを少し歩く。乗り換えルートになっている南東側だけでなく、南越谷・新越谷の十字の四方八方が市街地だ。北西側は主に住宅地になっていて、北東には獨協医科大学埼玉医療センターがランドマーク。

武蔵野線に沿って東に進むと、旧日光街道が通る。その先は、越谷貨物ターミナル。コンテナを積んだトレーラーがひっきりなしに出入りする。物流団地は貨物ターミナルのさらに東側に広がっているので、南越谷の市街地にはそれほど干渉していない。とはいえ、貨物ターミナルの前まで足を運ぶと、ちょっと独特な、武骨な雰囲気が漂っている。

武蔵野線高架下の南越谷駅。東武の新越谷駅は武蔵野線より高いところを通る

そしてメインのロータリーもある駅の南東側だ。この一角は、越谷駅前を凌駕してすっかり越谷という人口約34万人、埼玉県内第5の都市の中心市街地になっている。金融機関にファーストフード、カフェ、居酒屋などがひしめき合い、少し歩けば越谷市民ホールまである。越谷サンシティに入っているイオン南越谷店は、もともとダイエーだった総合スーパーだ。日光街道沿いまで出れば、巨大なパチンコ店まである。

日常的な食事から買い物、ちょっとした外食まですべてが揃う南越谷。ほかの武蔵野線の駅の多くは、栄えていたとしても町の中心市街地といえるほどの賑わいは持たない。

その点において、南越谷は明らかに異質だ。ここまで都市の中心市街地としてのすべてが揃う駅は、武蔵野線においてここだけといっていい。武蔵野線のイメージが越谷のイメージと一致する、というのはこうしたことに理由があるのかもしれない。

南越谷駅周辺は、武蔵野線随一の繁華街になっている

ちなみに、2020（令和4）年の1月に越谷市が発表した南越谷・新越谷駅周辺の街づくり構想では、「官能都市」などと表現し、ちょっとした問題になった。その本意は〝人が肌で感じられるまちの魅力〟らしいが、さすがにこのご時世に〝官能〟はちょっとマズイ。そんなわけで、構想から「官能都市」の文言は削除されることになったようだ。

それはともかく、もはや越谷の中心になった南越谷は、阿波踊りの町という個性も持っている。駅前ロータリーには、阿波踊りの像も建っているし、南越谷駅の発車メロディも阿波踊りだ。

阿波踊りはもちろん四国・徳島のあの踊り。で、関東地方では高円寺の阿波踊りがとみに有名だ。ただ、関東では他にも神奈川県の大和市やここ越谷でも盛んなのだという。

特に、南越谷の阿波踊りは毎年70万人も集まる夏のビッグイベント。本場徳島・高円寺とあわせて三大阿波踊りのひとつに数えられる。この類いの〝三大〟に本場を含めるのもどうなんだという気もするが、70万人もやってくるというのはかなりの規模のお祭りである。

その由来は、ただの町おこしというわけではないらしい。

南越谷阿波踊りの歴史は、1985（昭和60）年から。駅近くに本社を置く住宅メーカー・ポラス（浦和レッズのユニフォームの胸スポンサーでも知られる）によってはじめられた。駅周辺の開発が進み、新しい住民が増えた。ただ、みんな都心に通勤する人たちばかりで、地元への愛着は薄い。そこで、数多くの住宅を提供してきた住宅メーカーとして、地域への愛着を持ってもらうために、と阿波踊りをはじめたのだとか。ポラスの社長が徳島出身だったことが、阿波踊りになった理由である。

最初は小さな町内のお祭りに過ぎなかったが、駅の発展と歩調を合わせて阿波踊りも急成長。最初は駅の東側だけだった踊りのコースは、１９９４（平成６）年の東武線高架化によって西側にも広がった。１９９８（平成10）年には、野村克也監督夫人のサッチー、野村沙知代さんも参加している。

つまり、南越谷の阿波踊りは、田園地帯に新たに生まれた駅とその周辺の市街地とともに発展してきたというわけだ。これほどに、シンボリックなものを持つ駅はそうはない。

かくして、南越谷の町は、武蔵野線そのものを象徴するターミナルになったのである。

越谷のルーツここにあり？――越谷レイクタウン

越谷駅を出ると、越谷貨物ターミナルを横目にさらに東へと武蔵野線は走ってゆく。貨物ターミナルと並んで流通団地が広がり、それが途切れると、車窓にはマンション群や住宅地が見えてくる。そして到着するのが、越谷レイクタウン駅である。

越谷レイクタウン駅が開業したのは２００８（平成20）年のことだ。武蔵野線が開業してから35年。いまからさかのぼればもう15年も前になる。

だから、〝レイクタウン〟などというカタカナの駅名もすっかり定着したきらいがある。が、当初はそれなりに変な駅名扱いされたにちがいない。いまでこそ例の高輪ゲートウェイ駅をはじめ、カタカナ駅名も珍しくはなくなっている。越谷レイクタウン駅は、そうした〝キラキラ駅名〟の先駆けというべきか。まあその、いったいレイクタウンってなんだ、と誰も思うしツッコミたくなってしまう。実はそれこそが、レイクタウンの思うつぼ、なのかもしれない。

早々にタネを明かすが、越谷レイクタウンとは、この駅の周囲に広がるニュータウンの総称である。イオンレイクタウンという、日本最大級の商業施設が駅前にあって町の核になっているおかげで、イオンのことだと思っている人もいる。

ただ、間違えてはいけない。レイクタウンはその名の通り、湖の脇にある町。駅の開業とほぼ同時、２００８（平成20）年に街開きを行った、計画人口は2万人を超える巨大なニュータウンである。ちなみに、住所表記も「レイクタウン」。大型商業施設やニュータウンが沿線に多い、ということを武蔵野線の個性のひとつとするならば、その象徴ともいえる駅のひとつである。

開業からまだ15年しか経っていないのに、越谷レイクタウンは絶好調だ。２０２２（令和４）年度の１日平均乗車人員は実に2万６１７５人。全体では10位だが、他路線との乗り換えがまったくない単独駅としてはトップだ。東浦和に西浦和、吉川、三郷、北府中。こういった先輩単独駅を押しのけて。他の単独駅の内心やいかばかりと思ってしまうが、とにかくレイクタウンはとてつもないパワーを持っている、というわけだ。

レイクタウンができる以前は、どんな町が広がっていたのだろうか。

古い地図を見るとすぐわかる。そもそも町などなかった。一面の田園地帯、田んぼである。駅の南側にある越谷南高校はレイクタウン以前からあった数少ない施設。あとは、イオンレイクタンのある場所になにやら建物があったこ

開業から15年で飛躍的に成長した越谷レイクタウン駅

とは航空写真から確認できる。それ以外は、まったく田園地帯である。レイクタウンのシンボルになっている、大きな池（レイク、だから湖というべきか）も存在していない。

ちなみに、江戸時代までさかのぼるとちょっとしたトリビアが眠っている。このあたり、江戸時代には千疋村といった。ここで槍術道場を務めていた大島弁蔵が、生計の足しにするために果物や野菜を船で江戸に運んで売っていたという。それが、かの高級フルーツ店・千疋屋のはじまりである。つまり、レイクタウンは千疋屋のふるさと、というわけだ。だからといって、越谷レイクタウン駅でおいしいフルーツを味わえるわけではない。

越谷レイクタウン駅前、大相模調節池のほとりには見田方遺跡公園、そしてマンション

話を戻すと、ほんの20年ほど前までは田園地帯だったこの一帯。のどかでいいじゃないかと思うかもしれないが、中川や綾瀬川、元荒川など何本もの川が流れる低湿地の氾濫原である。水害との戦いはもはや日常で、その対策のための調節池の必要があった。そこで、田園地帯一帯を再開発し、大相模調節池と呼ばれる湖を設けつつ、周囲を住宅地や商業地として整備しよう、という計画が持ち上がる。そうしてできたのが、越谷レイクタウンというわけだ。そこに武蔵野線が通っていたのは必ずしも偶然ではないだろう。

実際に大相模調節池は、２０１５（平成27）年の豪雨災害などでも力を発揮しており、低地の氾濫原にありながら越谷レイクタウン一帯は浸水被害を免れている。鶴見川沿いの日産スタジアムが水害対策の遊水施設を兼ねているのと同じようなものだ。

高架の越谷レイクタウン駅を降りて、北側に出ると右手にイオンレイクタウンの入り口がある。この駅で降りるだいたいのお客はイオンの中に吸い込まれていく。しかし、いっぽうで広大な駅前広場の反対側にそびえるマンションや、大相模調節池の対岸に見える住宅地へと急ぐ人も少なくない。イオンだけでは1日2万6175人ものお客を抱えることなどできない。レイクタウンというとイオンのイメージが強いが、むしろ本質としては住宅地としてのレイクタウンが、この駅を支えているといっていい。

駅前は、まっすぐ大相模調節池につながる並木道。その東側にイオンがあって、西側には公園を挟んでマンションが建つ。この公園はただの駅前公園ではなく、見田方遺跡公園という。古墳時代にはここに集落があったそうで、竪穴住居などの跡も見つかっている。

利根川や荒川が流れる低地で、水害のリスクは高いが容易に水を得られるメリットがある。農耕を営むには最適地だったのだろう。そして、1500年前の見田方の集落は、越谷に生まれたはじめての町。レイクタウンは、千疋屋だけでなく越谷という町そのものの原点だったのである。

黄金のナマズ――吉川

ナマズが暴れると地震の予兆だという。少なくとも日本では古来よりナマズと地震の関係は語り継がれてきている。幕末、安政地震の折には直前にあちこちでナマズが暴れ回っていたらしい。地震後には、ナマズを描いた絵が江戸の町中に出回った。いまでも、緊急交通道路の標識などに、ナマズのイラストが使われている。

ナマズといったら地震。あとはヒゲ。ついでに琵琶湖にたくさんいそう。人々が抱くナマズのイメージは、だいたいこんなものなのではないかと思う。

ところが、武蔵野線に乗って吉川駅にやってくると、駅前に黄金のナマズが出迎えてくれるのだ。

越谷レイクタウン駅から高架のまま中川を渡ってその橋のたもとの吉川駅。高架下の改札を抜け、南口の駅前ロータリーに出ると、その真ん中に黄金のナマズ。駅前交番のパトカーが停まっているそのすぐそばに、黄金のナマズ。いろいろツッコミどころは多い。

まず、なぜナマズなのか。そして、なぜ黄金なのか。ホンモノのナマズは、ちょっと黄色くて輝いて見えることもあるそうだ。だからそれを忠実に表現したのかもしれない。駅前の黄金の像というと、岐阜駅前の黄金の信長公が思い浮かぶが、まあそれと基本的には同じで、派手にしてみようと思っただけなのかもしれない。

そして肝心のナマズの理由である。黄金のナマズ像の近くに、説明書きがあった。

それによると、吉川という町は古くから中川沿いの舟運で栄えた河岸町だったのだとか。河岸町には旅籠や料理屋が建ち並び、定期的に市も立

▲▲高架の吉川駅
▲黄金のナマズ像は吉川の町のシンボルだ

つほどの賑わいぶり。そこでさかんに提供されていたのが、ナマズ料理だった。

中川と江戸川に挟まれた低湿地に位置する吉川市。川魚がよく獲れた。そうした川や、田んぼに引いた用水路などは、ナマズの格好の生息地だ。だから、吉川の料理屋で川魚料理、中でもナマズ料理がよく出されたのは、町おこしだとかそういうものではなく、ごく当たり前のことだったのだろう。

ちなみに、日本では縄文時代の貝塚からもナマズ（と思われる魚）の骨がみつかっているらしく、古くから食べられてきた身近な、そして伝統的な食材のひとつだ。吉川の町で、古くからナマズが食べられていても何の不思議もない。

いまも吉川の町ではナマズ料理の伝統を守り続けているとかで、町のキャラクターはナマズがモデルの「なまりん」。玄関口の吉川駅前でも、こうして黄金のナマズ像で来訪者を出迎えているというわけだ。

ともあれ、かくのごとく吉川の町は古くからの舟運の拠点町である。町の中心は、ナマズ像とは反対側、駅の北側に広がっていた。

実際には広がっていた、というほど大きな市街地があったわけではなく、武蔵野線の開業時点ではまだ市にもなっていない、人口3万人に満たない〝吉川町〟だった（武蔵野線開業時に市ではなく町だったのは吉川だけだ）。中心市街地以外は田園地帯。江戸時代に低湿地を新田開発し、早場米の産地として広く知られていたという。近代以降も米、野菜の生産が盛んな、つまりは河岸町以外は田園地帯を貫いてきたといっていい。

首都圏のベッドタウンとしての変貌がはじまったのは武蔵野線開業直前の１９６０年代終わり頃から。東京都心から中小の工場が移転してきて工業団地が形成された。そして、武蔵野線が開業した１９７３（昭和48）年には、吉川団地も完成。駅もできて、団地もできて、さあ大発展……。

ところが、この吉川団地、当初は入居倍率が0・5倍だったという。団地が庶民の憧れの住まいだった時代に、この低競争率とは恐れ入る。東京からちょっと遠くて、交通の便も悪いというのが低競争率の理由だった。

入居者募集の時点で武蔵野線と吉川駅の開業は決まっていた。にもかかわらずの低競争率。このあたり、武蔵野線という新路線への期待がそれほど大きくなかったという現実がうかがえる。開業前後の新聞記事等を見ても、武蔵野線は貨物路線であり、これが開業すれば都心の通勤路線の混雑も緩和される、といった扱い方がほとんどだった。それではなかなか、「武蔵野線が通るから便利になるね」とは思わない。

それでも、武蔵野線が開業して少しずつ本領を発揮してゆくにつれ、吉川の町の人口はどんどん増えて、90年代に5万人を突破。1996（平成8）年に町から市に昇格した。現在の吉川市の人口は、約7万人。ほかの武蔵野線沿線と比べれば伸び幅も小さいような気がするが、だからこそまだまだナマズ料理が名物の牧歌的な雰囲気を残しているのだろう。

イオンタウンができるまで20年――吉川美南

吉川駅の相対式ホームから西船橋方面を見ると、それまで仲良く寄り添っていたはずの上下線の線路が、とたんに大きく離れてゆくのがよくわかる。これは、開業したばかりの頃の武蔵野線が、そのシンボル、次世代の貨物輸送の根幹を担うとして期待を寄せた、武蔵野操車場の名残である。

吉川市における第二の駅・吉川美南駅。その駅は、かつて武蔵野操車場があった場所に設けられた駅のひとつだ。地上を駆ける線路の上に橋上の駅舎。コンコースには吉川市のキャラクター「なまりん」が鎮座し、改札を抜けて西口に出ると、実に広大な駅前広場。その向こうに見えるのは、イオンタウン吉川美南だ。

武蔵野操車場の時代は、上り線と下り線の線路の間は大きく離れていた。その間に操車場が広がっていたのだ。新三郷駅の場合は、まだ上下線が離れていた時代に開業しているが、のちに整理されて上下線は普通に並んで走るようになった。

吉川駅を出てすぐに上下線が離れるのは、操車場時代の線路がそのまま使われているから。県道67号線をくぐったあたりで線路はまたすぐにくっついて、ほどなく吉川美南駅に着くという按配だ。

武蔵野操車場、そしていまの吉川美南駅の目の前に広がるイオンタウン。このことから明らかなのは、イオンタウンは武蔵野操車場の跡地に立っている、ということだ。

イオンタウンだけではない。駅の北西に広がるニュータウンは操車場の北の付け根一帯に造成された。イオンタウンからさらに新三郷駅に向かって歩いて行くと、その途中には美南3丁目第3公園という緑地がある。そのあたりでちょうど吉川市から三郷市に入るのだが、三郷市側にもららぽーとなど商業施設が延々と続く。武蔵野操車場の跡地は、ほぼ完全に大型商業施設へと生まれ変わっているのだ。

武蔵野操車場の盛衰については、あとの章で詳しく触れる。なので、ここでは取り上げることはしないが、1984（昭和59）年に役割を終えた操車場の跡地が、しばらく放っておかれたあとに再開発されたのがイオンタウン吉川美南ということになる。

操車場跡地は国鉄の赤字圧縮のため、国鉄清算事業団に継承され、鉄道建設・運輸施設整備支援機構によって区画整理が実施された。それを、大和ハウス工業とイオンタウンが買収し、住宅地とイオンになった、というのがいまにいたるまでの大まかな経緯である。

操車場という前身はともかく、新宿の新南口一帯も汐留シオサイトも、大阪駅北側も、本質的な開発の経緯として

地上駅にシンプルな橋上駅。2面3線で折り返し運転が出来る構造も吉川美南駅の特徴

は似たようなものだ。違うのは、武蔵野操車場があった場所は駅前の一等地ではなくて、中川と江戸川に挟まれた低湿地の田園地帯だったということだ。武蔵野線が通る前は、操車場どころかまったく何もない、完全なる一面の田園地帯が広がっていた場所である。

そうした事情があったからなのか、再開発にはだいぶ時間がかかっている。操車場の閉鎖が1984（昭和59）年だったのに、イオンタウン吉川美南が一部で営業を開始したのは2013（平成25）年になってから。なんとまあ、20年近くもかかっている。

なお、吉川美南駅が開業したのはその前年、2012（平成24）年3月17日。現時点で、武蔵野線ではいちばん新しい駅である。

操車場の跡地がいつまでも広がっていたおかげかどうか、この周辺は武蔵野線沿線ではいちばん発展が遅れたエリアのひとつといっていい。実はいまも駅の東側には何にもない。開発の計画はあるようで、造成工事の真っ只中だ。駅前再開発エリアを抜けると、武蔵野線開業当時をイメージさせてくれる田園地帯。ピカピカに新しい駅舎と新しい商業施設。その反対に田園地帯。なんだかこのコントラストは、武蔵野線の50年を象徴しているようにも感じられる。

2022（令和4）年度の吉川美南駅の1日平均乗車人員は、5906人だ。これは武蔵野線全駅のなかで圧倒的な最下位である。ひとつ上の新小平駅は1万人を超えているから、4ケタしかお客がいないのは吉川美南駅だけ、ということになる。

吉川美南駅東口。現在造成工事が行われている

もちろん、開業からまだ10年ちょっとしか経っていないし、駅周辺にはマンションなどの住宅地も多い。東口の開発も進むとなれば、お客がまだまだ増える余地は充分にあるはずだ。吉川美南駅一帯は、武蔵野線の50年を象徴すると同時に、これからの武蔵野線のポテンシャルが眠っている場所ともいえる。

操車場の閉鎖から40年、駅の開業から10年経ったいま、操車場時代の面影はほぼまったく残っていない。航空写真を見ると街区の膨らみがちょうど操車場の形状をなぞっているように見える、というくらいだろうか。ただ、そんな中でも駅前広場には操車場跡地であったことを示す碑が建っている。

また、少し駅から歩いたところには、線路を埋め込んで動輪を展示した公園もある。ちょうど中央が丘になっているのは、操車場のハンプをイメージしたものだろうか。わずか10年であったが、最新鋭の操車場として耳目をあつめた施設の記憶は、確かに吉川美南駅にも息づいている。

団地と億ションの最寄り駅――新三郷

吉川美南駅から引き続いて、延々と商業施設を横目に見ながら武蔵野操車場の跡地を走る武蔵野線。お隣の新三郷駅までは、わずか1・5㎞しか離れていない。

もともと貨物線として建設されたこともあってか、武蔵野線は首都圏の路線にしては比較的駅間距離が長い。旅客区間の府中本町～西船橋間は全体で71・8㎞。駅数は26だから、平均駅間距離は約2・9㎞だ。参考に山手線のデータをお示しすると、34・5㎞で30駅、平均駅間距離は約1・2㎞となる。中央線快速は東京～高尾間で53・1㎞24駅。駅間距離の平均は2・1㎞だ。武蔵野線の2・9㎞は、いかに駅間が離れているかをよく教えてくれる数字である。

そうした中にあって、吉川美南～新三郷間の1・5㎞はダントツに短い。歩いたって30分もかからない。急ぎ足なら20分くらいだろうか。間にはイオンタウンにららぽーとと、商業施設が続いているから、飽きずに歩くこともできそうだ。

もともとこのふたつの駅は、開業当時には存在していなかった駅だ。中川沿いの吉川駅のお隣は、江戸川沿いの三郷駅。その間は5・2kmに及ぶ。沿線には武蔵野操車場が広がるだけで、あとはほとんどが田園地帯だったわけで、駅ナシも無理のないお話。それが、操車場が廃止になったおかげでこうして商業施設群が生まれ変わり、駅がふたつもできたのだから、イオンと三井不動産様々、といったところである。

新三郷駅前。そら豆のオブジェは武蔵野操車場にちなむ

武蔵野操車場があった時代には、上下線が大きく離れていたというのはすでに書いた。吉川美南駅は線路がくっついてから開業した新駅だが、新三郷駅が1985(昭和60)年3月14日に開業した当時は、まだ操車場の敷地はそのままに残っていた(武蔵野操車場の正式な閉鎖は1986年)。なので、上下線のホームは操車場を挟み込むように設けられることになり、その間は実に360m。

駅間距離は短くても、駅の中は離れていた新三郷。改札口は上下線で別々で、間には長い長い跨線橋があった。当時、ギネス世界記録に申請して「世界一ホームが離れている駅」として認められていたという。ちなみに、広島駅のお隣、天神川駅も間に貨物駅を挟んでいて上下線のホームが離れている。新三郷駅がららシティの玄関口であるように、天神川駅もイオンモールの最寄り駅になっている。

ギネス記録になるほど上下線が離れていた新三郷駅が、いまのようにくっついたのは1999(平成11)年のこと。現在の橋上駅舎も、このときに建てられたものだ。

新三郷駅すぐ近くには、駅開業以前からみさと団地がある

ただし、このときもまだ、駅前のららシティは誕生していない。いまでは新三郷駅に降り立つ多くのお客の目的地になっているであろうららぽーと新三郷は、2009（平成21）年に開業した。吉川美南駅が、イオンタウン吉川美南開業を目前に控えて開業したのとは、ちょっと事情が異なるようだ。

その答えは、駅の周りを少し歩くと見えてくる。

東口がいまだに開業当時の雰囲気のままの田園地帯であることは、吉川美南駅ともさほど変わらない。西口の駅前広場が商業施設の玄関口なのも、吉川美南駅と同じだ。しかし、駅前の商業施設の合間を抜けて、少し歩くと巨大な団地群が見えてくるのだ。その名もみさと団地という。さらに、みさと団地の南側には高層マンションも多く建ち並ぶパークフィールドみさとも控えている。

みさと団地は武蔵野線と同じ年、1973（昭和48）年生まれ。パークフィールドは武蔵野操車場が幕を閉じ、新三郷駅が開業した直後の1987（昭和62）年に誕生した。ちょうどバブル真っ只中ということもあって、パークフィールドの高層階はいわゆる〝億ション〟、1億円以上の値がついたという。

そんな住宅群の最寄り駅となったのが、新三郷駅である。

みさと団地が完成した時点では、まだ新三郷駅はなかった。むしろ、操車場の裏側にひっそりと巨大団地が広がっているだけだった。団地の人々は、バスに乗って田園地帯を抜けて、三郷駅まで向かっていたのだとか。三郷駅からも武蔵野線に乗ってどこかの駅で都心方面の列車に乗り換えて通勤しなければならないので、なかなか難儀したのではないかと思う。

すぐ近くの武蔵野線の線路には操車場が広がっていたのだからしかたがない。コンテナを扱う貨物ターミナルとは違い、操車場は中央にハンプを設けて貨車があっちへガシャコン、こっちへガシャコン。旅客駅を併設して、などという余裕はあまりない。

そのため、しばらくは駅ナシでやってきたみさと団地。しかし、1984（昭和59）年に武蔵野操車場が機能を停止すると、その跡地に駅を作ればいいじゃないかという話になる。そうして生まれたのが新三郷駅だ。上下線が360mも離れていたとはいえ、駅がないよりは遥かに便利だ。そしてさらに、新三郷駅効果もあったのか、パークフィールドが生まれた。武蔵野操車場なき新三郷は、こうして団地・マンション群の駅として歴史を刻みはじめたのであった。

だから、駅前のららぽーと新三郷は、完全なる新参者である。もちろん操車場跡地という遊休地がいずれは再開発されて商業地になるであろうことは、最初から想定されていたのだろう。ただ、新三郷駅は吉川美南駅とは違い、商業施設ありきの駅ではなかったのだ。

ららぽーと新三郷は2009（平成21）年に開業。同じ年にはコストコ新三郷、前年にはIKEA新三郷もオープンしている。ららぽーとだけではあまりに広大な操車場跡地すべては賄えない。吉川美南側のイオンタウンも含めれば、イオン・ららぽーと・コストコ・IKEAと、この一帯はまるで大型商業施設のデパートである。宝石箱である。

団地の人たちはもとより、遠くから武蔵野線に乗ってこの町にやってくる人もいまや少なくない。三郷市における本来の玄関口であった三郷駅よりもお客の数は多くなっている。町の名前も、再開発エリア全体のネーミングに合わせて「新三郷ららシティ」と名付けられている。

吉川美南駅と同じく、操車場時代をしのばせるものはほとんど残っていない。駅前ロータリーのそら豆形オブジェは、操車場がそら豆の形に似ているから、という由来があるという。また、駅のすぐ脇の跨線橋は、上下線が離れていた時代からあったもの。華やかな商業地の駅前には不釣り合いなトラス橋になっているのは、径間距離を長く取らねばならなかった操車場時代の名残だ。

ただ、あとはまったく、新三郷駅に操車場の面影はない。ららぽーとの入り口には24系客車が静態保存されているが、これは操車場とはまったく縁もゆかりもない車両である。

強風に強くなった武蔵野線――三郷

武蔵野線が通る一帯のなかで、いちばん標高が低いのは中川と江戸川に挟まれた吉川市・三郷市内だ。多少の違いはあれど、だいたい標高2m前後。中川・江戸川の氾濫原になっている低湿地で、古くから稲作が盛んであった。吉川が早場米の産地として知られ、舟運で賑わったというのはすでに書いたが、三郷においてもそれは基本的に変わらない。舟運の拠点は江戸川ではなく中川にあったようで、その点ではむしろ吉川の後塵を拝していたくらいだ。

三郷駅の北口に、「早稲田」という地名がある。これは早稲田大学とは何の関係もなく、早場米にちなんだものであり、かつて早稲田村といった。１９５６（昭和31）年に東和村・八木郷村と合併して三郷村が成立したのが、いまの三郷市の直接的なルーツである。そして１９６４（昭和39）年には三郷町になり、武蔵野線開業直前の１９７３（昭和47）年に三郷市に昇格した。翌年に開業した武蔵野線三郷駅は、三郷市内に開業した最初の駅であった。

標高が低く、さらに中川・江戸川と続けて大きな川があるから、この一帯は風が強い。もちろん山があるわけでもなく、背丈の高いビルもないというのも関係しているのだろうか。標高が低く平らで、一面の田園地帯。強風に悩まされるのは昔からこの町の常になっていた。

武蔵野線が開業しても基本的にそうした地域の特徴は変わらなかった。だから、武蔵野線も風に悩まされてきた。

武蔵野線といえば、すぐに強風で停まるよね、というイメージを持っている人も少なくないのではないか。ただでさえ吹きさらしで風の強いところを、高架で通っているのだからしかたがない。だが、風が強くて電車が停まるというのでは、日常的に使う通勤通学の電車としてはいささか心許ない。「風が吹いたらすぐ停まる」。これもまた、武蔵野線のイメージをマイナスにしていた要因のひとつである。

▲▲三郷市では最初の駅・三郷駅
▲三郷駅前のトイレは、開業当時には最先端の文化トイレだったとか（現在はリニューアル済み）

しかし、どうやら最近はほとんど風の影響を受けなくなっているらしい。もちろんＪＲ東日本さんが対策を施してくれたからだ。その対策とは、防風柵の設置である。

２００６（平成18）～２０１０（平成22）年にかけて、江戸川や中川を渡る橋梁などを中心に防風柵を設置した。それによって、強風による運休・遅延は大幅に減少したという。ＪＲ東日本さんが武蔵野線の各駅に掲示していたポスターによれば、強風による運転見合わせ時間は92％、速度規制時間は86％も減ったそうだ。言われてみれば、最近は武蔵野線が風で停まります、という話はあまり聞かなくなった。

むしろ、他路線との相互直通運転がほとんどなく、そもそも踏切もないというおかげもあって、比較的輸送障害の少ない路線、という印象すらあるくらいだ。

さて、かくのごとく武蔵野線ユーザーを悩ませてきた〝強風〟の中心・三郷である。武蔵野線のイメージアップは、着実に進んでいる。

三郷の町は、最初に書いたとおりもともとは徹底的な田園地帯であった。江戸川を渡る橋のたもとに三郷駅はあって、いまでこそ駅の周辺は都市の顔。ただ、開発が進んだのは武蔵野線開業以後のことで、それ以前はひたすら田んぼが広がる町……というよりは農村だった。

三郷市は南端で東京都葛飾区と接している。だから、早くからベッドタウンとして発展する可能性もあるにはあった。ただ、いかんせん武蔵野線が開業するまで鉄道がなかった。交通の便が悪いというのは、ベッドタウンにとって致命的だ。江戸川を挟んだ向かい側の流山には流鉄というローカル線が通り、さらに松戸には常磐線が走る。それと比べて、川ひとつ隔てて農村地帯というのは、鉄道の存在が町の発展にいかに影響を与えるものなのかをよく教えてくれる。

なんでも、明治時代に常磐線が通る話が出たときに、三郷の人々は古くからの農村風景が損なわれるのを嫌って鉄道の建設を拒否したという話もある。鉄道に恵まれたなかった日本中あちこちの町に伝わる、いわゆる〝鉄道忌避伝説〟の類いにすぎなかろう。真偽定かではない話が言い伝えられるほど、鉄道を持たない町の悩みは大きかった、ということだ。

それが、武蔵野線で一変した。武蔵野線が開業したことで、三郷はベッドタウンとして大きく発展することになる。新三郷駅に近いみさと団地もそうした発展の過程で生まれた。当時の人々は、三郷駅から武蔵野線に乗って新松戸か南越谷に向かい、そこで乗り換えて都心に向かっていたのだろう。

ただ、それでも東京都に隣接する町にもかかわらず、三郷の知名度は低かった。三郷の名を広く知らしめたのは、武蔵野線ではなくて、むしろ常磐自動車道の三郷インターチェンジ・三郷ジャンクションではなかろうか。インターチェンジは1985（昭和60）年、ジャンクションは1992（平成4）年に供用を開始した。三郷駅から見ると、南西に約2・6㎞離れた場所にある。

2005（平成17）年にはつくばエクスプレスが市内を通ることになり、三郷中央駅が開業した。三郷駅からはだいぶ南に離れた場所で、お世辞にも〝中央〟とは言い難い。そもそも一面の田園地帯だった町だから、歴史的に核となるような市街地を持たない。都心直結のつくばエクスプレスのほうが、郊外環状線にすぎない武蔵野線よりも〝中央〟を名乗るにはふさわしかったということか。

ちなみに、2022（令和4）年度の1日平均乗車人員は三郷中央駅が1万4201人。三郷駅はそれよりもわずかに少ない1万2373人である。

TX第5の駅——南流山

三郷駅を出てすぐに江戸川を渡ると、いよいよ武蔵野線の旅は終盤に入る。江戸川は埼玉県と千葉県の県境。トラス橋を渡っている間に、武蔵野線も千葉県へ。その最初の駅は、南流山駅だ。

武蔵野線の南流山駅だけを語れば、ごくシンプルな高架駅に過ぎない。駅の周りを見渡しても、とりたてて目に留まるようなものがあるわけでもない。真新しいマンションがいくつも建っていて、区画整理された街路も、いかにもこの駅が開業してから生まれた市街地であろうことを教えてくれる。

そんな中、ひときわ存在感を放っているのがつくばエクスプレスの出入り口だ。そう、南流山駅はつくばエクスプレスと武蔵野線の乗り換えターミナル。武蔵野線開業からお客を増やしてきてはいたものの、90年代以降、

1万2000人台から1万3000人台で伸び悩んでいた。

それが、2005(平成17)年につくばエクスプレスが開業して乗り換え駅になると、とたんにお客が激増してゆく。つくばエクスプレス開業翌年の2006(平成18)年度にはあっけなく2万人を突破し、その後も右肩上がり。2022(令和4)年度には、3万3562人だ。

これをつくばエクスプレス、TX効果と言わずしてなんと言う。駅周辺にマンションが増えだしたのもつくばエクスプレスが開業してからのことだ。武蔵野線のほとんどの駅が、まさに武蔵野線の開業をきっかけに発展したのに対して、この南流山駅だけは、生粋のつくばエクスプレスっ子、なのである。

とはいえ、つくばエクスプレスからみても、武蔵野線の存在は大きい。つくばエクスプレス南流山駅は、2022(令和4)年度の1日平均乗車人員が3万4909人(武蔵野線とほぼ同じ。乗り換え客が多いのであろうことがうかがえる)。これは、秋葉原・北千住・流山おおたかの森に次ぐ、TX内第4位である。

東京都心のターミナルである秋葉原と北千住はともかく、つくばエクスプレス沿線の発展というと、決まって取り上げられるのが流山おおたかの森駅だ。南流山駅とは間に流山セントラルパーク駅を挟んで隣り合う。もちろんどちらも千葉県流山市の駅だ。事実上、日本一の人口増加率を誇る町としても有名だ。

南流山という駅の本質を考えるには、やはり流山という町全体を考えねばなるまい。

そもそも、流山は江戸川や利根運河によって栄えた水運の町だ。特産品にはみりんがあり、明治初めの戊辰戦争では新選組局長の近藤勇が捕縛されたことでも知られる。ただ、そうした時代の流山の中心は、南流山でもおおたかの森でもなく、流鉄流山線の終点・流山駅周辺にあった。

いまでも流鉄流山駅に足を運ぶと、成長めざましい新興住宅地とはまったく違う、昔ながらの河港都市の面影が色濃く残っている。流鉄は、常磐線のルートから外れてしまった地元の人たちが、みりんの輸送などを目的として建設したザ・ローカル線だ。

そうした歴史から、戦後の流山も主に流鉄沿線に新興住宅地が生まれて、東京のベッドタウンとしての側面を持つようになる。流鉄で馬橋駅に向かい、そこから常磐線に乗り換えるのがその当時の通勤ルート。流鉄との接続を持たなかった武蔵野線は、南流山駅が開業したとてそれだけで町の〝ヘソ〟になりうるターミナルにはなれなかった（なお、南流山駅から歩いて15分くらいのところに流鉄鰭ヶ崎駅がある）。

南流山駅。左側にはつくばエクスプレスの地下ホームに向かう出入口がある

つまり、明治時代に常磐線の経由地に選ばれなかったことで、流山は停滞を余儀なくされてしまった。新三郷駅のところでも書いたが、とりわけ東京都心に通勤するベッドタウンとしては、鉄道の利便性ほど重要なものはない。

そしてそれは、つくばエクスプレスの開業によって証明される。流山市内を南西から北東に向かって貫くことになったつくばエクスプレスは、南流山駅で武蔵野線、そして流山おおたかの森駅では東武野田線（東武アーバンパークライン）と交わることになった。おおたかの森駅付近に東武の駅はなかったが、つくばエクスプレスと同時に野田線のおおたかの森駅も開業している。

おおたかの森駅は大型商業施設の開業もあって、あっというまに新興住宅地に化けた。駅名の通り、かつてはオオタカが生息する森があるだけの不毛の地が、ＴＸ効果で見違えた。つくばエクスプレスが通ったこと、開発の余地があったこと、そして野田線と交わったこと。その3つが人口減少社会にあるまじき発展を支えたといっていい。

そして、南流山駅である。こちらは武蔵野線開業時点から区画整理事業が進んでいて、発展する下地はすでに整えられていた。だからおおたかの森のように大化けすることはない。それでも、武蔵野線とつくばエクスプレスの乗り換えターミナルという役割はあまりに大きく、駅周辺の開発も促す。つくばエクスプレスと武蔵野線の相乗効果そのものだ。

つくばエクスプレスのような放射状路線は、それだけでもある程度は便利なものだ。ただ、完全無欠とはいえない。放射状路線同士の連絡がなければ、どうしても交通空白地帯が生まれてしまう。その点、つくばエクスプレスには先行して武蔵野線と東武野田線があった。

反対に、武蔵野線のような環状路線もそれだけでは成り立たない。山手線のように最初から市街地を走っているならまだしも、牧歌的な田園地帯を走る武蔵野線ならなおさらだ。つくばエクスプレスのような放射状路線と接続してこそ本当の力が発揮できる。

そんな当たり前のような武蔵野線の役割を、改めて教えてくれるのが南流山駅だ。流山おおたかの森駅と抜きつ抜かれつでお客の数を競い合うこの駅が、武蔵野線の中でも重要なターミナルのひとつになってきていることは間違いない。

つくばエクスプレスは沿線の大発展と利用者の増加を踏まえて賞賛されることが少なくない。新しいベッドタウンを生み出した功績は確かに大きい。しかし、その功績も、武蔵野線という環状路線なくしては果たせなかった。そのことは、武蔵野線ユーザーとしては忘れてはならないのである。

「すぐやる課」と武蔵野線――新松戸

新松戸駅は、1973(昭和48)年4月1日に武蔵野線が最初に開業した時点での終着駅だった。常磐線各駅停車と武蔵野線との乗り換え駅になっているが、常磐線の駅も武蔵野線と同時に生まれた。常磐線は1971(昭和46)

年に緩急分離の複々線化を完了させたばかりで、常磐線は最初から各駅停車しか停まらない駅としての開業だった。
このあたりは、中央特快の停まらない西国分寺駅同様に、武蔵野線の扱いがいまひとつと感じる原因のひとつになっている。西国分寺は、ダイヤをあれこれして多少ムリをすれば中央特快を止めることも不可能ではない。が、新松戸の場合は、そうはいかない。

緩急分離の常磐線は、各駅停車しか停まらない駅には最初から快速線にはホームすら設けられていないのだ。武蔵野線の高架の下の常磐線の線路を見ていると、ブルーの帯をまとった常磐線の中距離列車があっけなく通り過ぎてゆく。ホームがないから速度を緩める必要もない。

これからどれだけ快速の停車を願ったところで、ホームを新たに設けるという駅全面改造に近い工事が必要だ。とうてい現実的ではない。だから、東武東上線やスカイツリーラインのように速達列車が新たに停まるようなる、といった未来は新松戸駅に限ってまったく期待することはできない。武蔵野線の悲哀、新松戸駅にあり。

それでも、新松戸駅は充分に賑わっている。乗り換え客が多いのももちろんのことながら、改札を抜けて町へと繰り出す人も少なくない。

武蔵野線の高架下にある改札口を出ると、そのまま高架下が駅前広場になっている。柱の間に赤い鉄骨があしらわれ、なんだか花道のようなしつらえだ。その花道をまっすぐ抜けていった先には……ロッテリア。まあ、いつまでも高架下を歩いて行っても高架下が続くだけだから、たいしたものがあるはずもないのだ。あ、ロッテリアも素敵ですけどね。

ともあれ、駅前にロッテリアがあるということからわかるように、新松戸駅周辺は立派な繁華街になっている。これまでの武蔵野線の旅は、それぞれにドラマこそあってもチェーンのファーストフードがいくつも並んでいるような町とはご無沙汰だった。南越谷以来の繁華街、新松戸。こうなると、なんだか楽しい気分になってくる。

しかし、南越谷駅もそうであったように、新松戸駅も開業したばかりの頃はほとんどまったく何もない不毛の地で

▲▲武蔵野線の高架下に出入口を持つ新松戸駅
▲武蔵野線の高架と交わる場所に、流鉄流山線の幸谷駅がある

あった。

　駅の東側の丘陵地帯、少し離れたところには水戸街道（国道6号）が通っていて、旧小金宿も近い。ただ、小金宿の玄関口は既存の常磐線北小金駅（こちらも各駅停車しか停まらない駅だ）。西側の低地部に至っては、田んぼが広がる田園地帯であった。つまり、新松戸駅は完全に武蔵野線（と常磐線の乗り換え）のためだけに設けられた駅というわけだ。

　開業に合わせて新松戸駅周辺も区画整理が進められた。ただ、その頃はあまり評判が良くなかったらしい。松戸市の名物「すぐやる課」には、「区画整理の工事のせいでホコリがひどい」「駅までの道がわかりにくい」などといった苦情が寄せられたという。

　ちなみに、「すぐやる課」が誕生したのは1969（昭和44）年。最初に手がけたのは側溝の修理だったとか。いまでも市役所ではどうすることもできない苦情が寄せられるそうだが、だいたいはハチの巣の駆除などの動物関連が中心。いずれにしても、大げさな言い方をすれば新松戸駅は「すぐやる課」への苦情のネタになるような駅だったのである。もうひとつ余談を言えば、「すぐやる課」を創設した当時の松本清市長が創業したドラッグストア・マツモトキヨシは、新松戸駅近くに本社を置いている。

しかし、複々線化によって常磐線沿線のベッドタウン化が促されると、武蔵野線との乗り換え駅である新松戸駅の存在感も増してくる。いまよりも少し南にあった流鉄流山線の幸谷駅も、1982（昭和57）年には武蔵野線の高架下へと移転してきた。例のロッテリアの脇の薄暗い路地に入っていった先、高架下の踏切を渡ったところに幸谷駅がある。

幸谷駅と新松戸駅は、ほとんど目の前に位置している事実上の同一駅といっていい。新秋津駅と秋津駅と比べれば圧倒的に乗り換え時間は短くて済む。しかし、実は公式な乗り換え駅にはなっていない。というのも、流鉄流山線は起点の馬橋駅で常磐線と接続している。だから、JR線と流鉄の乗り換えは馬橋駅、というのが公式の扱いになっているというわけだ。

まあ、このあたりは別に連絡運輸が行われていないというだけのことで、武蔵野線ユーザーが流鉄に乗る場合にわざわざ常磐線に乗り換えて馬橋駅に行く必要はない。乗り換え案内アプリなどでも、ちゃんと新松戸・幸谷駅で乗り換えるように指示されるので、心配いりません。

八柱霊園と濁音のナゾ――新八柱

武蔵野線と常磐線の関係は、いうまでもなく他と同じく環状路線と放射状路線である。常磐線は各駅停車も快速も、都心から松戸・柏を経て茨城方面を目指す。武蔵野線はそれに対して都心を囲むようにぐるりと回る。改めていうまでもないほど、両者の関係は定まっている。

しかし、路線図においては必ずしもそのイメージはあてはまらない。武蔵野線は新松戸駅からほぼ直線的に南に走り、西船橋駅を目指す。そして常磐線も、松戸市内ににおいてはおおよそ北から南に走っているのだ。だから、距離こそ離れているものの、武蔵野線と常磐線はまるで並行しているかのように、江戸川東岸、千葉県西部を走っている。ただし、大きな違いもある。常磐線は江戸川沿いの低地を走る。勾配に弱い鉄道だから、できる限り下総台地に突入するのを遅らせるようなルートを取っているのだ。

いっぽうの武蔵野線は、下総台地の勾配などおかまいなしに一直線。日本鉄道建設公団が手がけた路線だから、というのは間違いないが、シンプルにいえば土木技術の違いといっていいだろう。

新松戸駅を出発してからの武蔵野線の車窓を眺めればよくわかる。線形はほとんど一直線なのに、高架を駆け下りて地上を走ったと思えばすぐに堀割、また地上に出て築堤の上を走り、またすぐに堀割に。下総台地西の端の低地と丘陵が入り組んでいる場所を走っているからこんなことになる。武蔵野線がアップダウンを繰り返しているというよりは、周囲の地形が勝手にアップダウンしている。

沿線風景もそれまでとは明らかに違ってくる。平地に住宅地、あとは田んぼといった風景から、雑木林が生い茂る中を走るようになるのだ。のどかな里山風景、とまでいうと大げさだが、住宅地の合間に見えるのはほとんどが木々の生い茂る森ばかり。こうした風景を眺めると、いよいよ武蔵野線の旅も終わりに近づいていることを教えてくれる。

新八柱駅は、そうした里山風景のど真ん中。堀割からそれにフタをしたかのようなトンネルの中に入って、駅に着く。薄暗い相対式ホームの上り方（新松戸より）の端っこに、改札口まで登る階段がひとつ。エレベーターはあるが、エスカレーターはない。武蔵野線全駅の中で、エスカレーターが設けられていないのは新八柱だけだ。

駅の外には、沿線風景そのままに中央に大きな木がそびえる広場。すぐ脇には、新京成電鉄の八柱駅がある。

ここでややこしいのは、武蔵野線の新八柱駅は「やはしら」、新京成の八柱駅は「やばしら」と読むこと。いったいこれは、どういう事情なのだろうか。

開業したのが早いのは、もちろん新京成の八柱駅だ。1955（昭和30）年4月に開業している。駅名の由来は駅の南東側に広がっている東京都立八柱霊園から。1935（昭和10）年に開園した105ヘクタールに及ぶ広大な霊園で、柔道家・嘉納治五郎や詩人の西条八十も眠っている。当時の八柱村に設けられたためこの名が付いた。

しかし、巨大な都立霊園もできた八柱村だったが、1938（昭和13）年に松戸町（当時）に合併されて消滅してしまう。ただ、霊園の名前としては生き残り、新京成電鉄の駅が開業したときに、霊園の最寄り駅として八柱駅と名付けられた（場所そのものは旧八柱村内ではない）。武蔵野線新八柱駅は、それから遅れて23年後の1978（昭和53）年10月2日に開業した。

▲新八柱・八柱駅前広場。左手のビルが新京成八柱駅で、右側に新八柱駅がある
◀新京成は地上を走り、武蔵野線は堀割を走る

さて、肝心の〝やはしら〟問題である。実は、霊園も村の名前も〝やはしら〟。新京成だけが〝やばしら〟なのだ。新京成さんが濁音にした理由は、正直言ってよくわからない。村の名前

が消えて久しく、なんとなく〝やばしら〟にしてしまったのだろうか。

結局ナゾは明らかにならなかったが、新八柱駅・八柱駅にはもうひとつナゾがある。駅のすぐ脇の道沿いに、崎陽軒の店舗があるのだ。崎陽軒といったら、横浜だ。横浜と八柱、どこか深いところでつながっているのだろうか。

空港輸送と武蔵野線――東松戸

あいもかわらずアップダウンを繰り返す下総台地の地形を眺めながら、武蔵野線は南下する。新八柱〜東松戸間の東側には、都立八柱霊園が広がっているのだが、堀割の中を走る武蔵野線の窓からそれを見ることはできない。

実は、八柱霊園といいながら今では八柱駅・新八柱駅は最寄り駅ではなくなっている。いちばんこの霊園に近いのは、東松戸駅だ。武蔵野線と北総鉄道北総線が交わるターミナルである。

2022（令和4）年度の東松戸駅の1日平均乗車人員は、1万9127人。武蔵野線では第15位だ。他路線との乗り換えができる駅の中では、府中本町駅に次いでお客が少ない。駅の周辺こそそれなりの市街地ではあるが、5分も歩けば田園地帯に出る。つまるところ近くに住んでいる人が少ない、ということなのだろう。

東松戸駅を構成している武蔵野線も北総線も、どちらも高架のホームだ。北から南に通る武蔵野線を、西から東に走る北総線がオーバーパスする構造だ。このことからわかるとおり、武蔵野線が先に通った。武蔵野線の開業は1978（昭和53）年。遅れて1991（平成3）年に北総線が通った。

ただし、ここで他の武蔵野線の駅とは大きく違うこの駅の個性が現れる。

1978（昭和53）年に武蔵野線がこの場所を通った当時、駅が設けられることはなかった。それどころか、1991（平成3）年に北総線が開業したときは、北総線だけに駅ができ、武蔵野線はそれまでと変わらずにこの町をスルーし続けた。

だいたいの武蔵野線の駅は、さきに武蔵野線の駅が開業している。あとから乗り換え相手の駅が開業した、というケースもあるくらいだ。東武東上線と東武スカイツリーラインのことだが、それだけ武蔵野線への期待が小さかったことの裏返し。昼間は40分間隔でしか列車が走らなかった武蔵野線が文句をいえる立場でもない。

ところが、東松戸駅はその構図が逆転している。さきに北総線の駅ができて、乗り換え相手になるはずの武蔵野線はずっとスルー。北総線ユーザーは、自分たちの真下を通り過ぎてゆく武蔵野線を仰ぎ見て、憤懣やるかたない思いを抱いたにちがいない。ああ、これに乗ったらすぐに西船にも松戸にも浦和にも行けるのに。

▲▲新しい駅らしく、広々とした高架下の東松戸駅
▲低層を通るのが武蔵野線、さらに上には北総線

　東松戸駅一帯、「紙敷」と呼ばれるこの地域に暮らす人々は、実は武蔵野線が開業した当時から駅の設置を求めていたらしい。新八柱〜市川大野間のおおよそ中間に位置しているから、駅があっても不思議ではなかった。それに、紙敷の人にとってみれば、新京成と乗り換えの新八柱

はともかく、市川大野駅周辺の風景は東松戸駅のそれとたいして変わらない。だから、武蔵野線開業当時から駅の設置を求め続けてきた。

しかし、かつての国鉄、いまのＪＲ東日本さんはつれない態度。駅を設けない理由は「人口が少ないから」。それを言っちゃあおしまいよ、身も蓋もないお話だ。が、実際にその通りなのだからしかたがない。かくして、開業から15年経っても駅ができなかったのだ。

そんなことをしているうちに、北総線がこの町を通ることになり、武蔵野線との交差地点に東松戸駅が開業した。わざわざこの場所に駅を設けたということは、北総線としても武蔵野線との乗り換えターミナルになりうることを期待していたにちがいない。それでもＪＲさんは動かない。だって、住んでいる人が少ないんだから……。

それに、北総線ユーザーにしてもそれほど不便を感じない理由があった。その当時、北総線は新京成線と相互直通運転を行っていた。だから、武蔵野線に乗り継がずとも、新京成経由で松戸に直接行くことができたのだ。武蔵野線に乗ろうとするときは、八柱駅で乗り換えればよい。北総線開業と同時に武蔵野線にも乗り換え駅を。それを強く求めるほどの熱はない。

状況が変わるのは、北総線開業翌年の１９９２（平成４）年。新京成線に新鎌ヶ谷駅が開業し、北総線との直通運転を取りやめたのだ。それにより、北総線ユーザーは新鎌ヶ谷駅で乗り換えをしなければ、武蔵野線に乗ることもできない。東松戸駅の北総線ホームの下を、武蔵野線が通っているにもかかわらず。

ここから駅設置の要望が強まり、１９９５（平成７）年に武蔵野線東松戸駅の建設工事がはじまった。開業は１９９８（平成10）年3月14日。開業当初のお客の数は1万人にも満たず、ＪＲさんが「人口が少ないから」といった通りの結果になった。

しかし、またも事態は動く。２０１０（平成22）年に京成成田スカイアクセス線が開業したのだ。成田スカイアクセス線は、北総線と同じ線路を走って最後は成田空港を目指す。つまり、それまではせいぜい千葉ニュータウンに繋がっているだけだったところが、急に成田空港につながるようになったのだ。

それをきっかけにお客の数が急増したというほどの結果は出ていない。しかし、アクセス特急の停車駅に選ばれたこともあって、堅実な伸びを見せている。コロナ禍前の２０１７（平成27）から２０１９（令和元）年度にかけては、１日平均乗車人員が２万人を超えるまでになっていた。

市川大野駅は高架にあるが、すぐに堀割の中に入る

そして武蔵野線は、単なる数字以上の大きなものを手にすることになった。空港アクセス、である。

首都圏を代表する二大空港のひとつである成田空港に、東松戸駅での乗り換えひとつで行くことができる。もちろん、秋津や小平、府中の人がそんなアクセス方法を利用するかどうかは怪しいが、武蔵野線東側の人たちにとってはなかなかありがたいことにちがいない。

それに、空港アクセスの一端を担っているかどうかは、武蔵野線という鉄道の存在意義には大きく関わってくる。東松戸駅開業の時点で、すでに通勤通学路線として一定の地位を得ていた武蔵野線。それが、この駅の開業と成田スカイアクセス線の開業によって、さらに一段上の立場になった。そう、武蔵野線は成田空港アクセス路線、なのである。

豊水のふるさと――市川大野

ぼくが東京の西、はっきりいえば府中市に住んでいるからなのだろ

周囲の標高が高く、すり鉢の底に位置する市川大野駅

う。個人的には市川大野という駅が、武蔵野線全駅の中でもいちばんピンときていなかった。他路線との乗り換え駅でもあれば、乗り換え相手とリンクさせてイメージを持つことができるのだが、それもない市川大野駅はまったく何も浮かばない。

　市川、というからには千葉県市川市にあるのだろうが、市川市の中心はもちろん総武線の市川駅や、本八幡駅あたり。京成電鉄でいうなら、市川真間駅も中心に近い。ところが、地図を見ると市川大野駅はそんな市川の中心からはだいぶ離れている。だからどんな駅なのか、まったく想像もつかないままに、この本を書くためにはじめて訪れたのである。

　市川大野駅も、下総台地のアップダウンの狭間にある駅のひとつだ。駅の北側は堀割で、駅はちょうど高架になってすぐにまた堀割へと分け入ってゆく。そんな微妙な場所にある市川大野駅を降りると、駅前には県道9号線が東西に通る。地図を見る限りは、東側は住宅地になっているようだ。また、駅前〜南に延びる道筋は大野中央商店会という商店街だ。

　ただ、むしろそうした住宅地や商店街といった賑やかしいものよりも目に付くのは、自然である。駅前の通りからも竹藪が見えるし、すぐ脇の小高い山の上は果樹農園。人通りもそれほど多くなく、郊外の牧歌的な田園地帯といった趣である。本来の〝武蔵野〟が指す地域とはかけ離れているが、〝武蔵野〟がすっかりベッドタウンとして都市化したいまとなっては、武蔵野線沿線においていちばん〝武蔵野らしい〟駅といっていい。のどかさと人の営みがバランス良く交わった、これぞ武蔵野線の駅である。

市川大野駅がある千葉県は、日本で一番のナシの産地だという。ナシの特産は鳥取県、というイメージを持っている人もいるかもしれないが、あちらは二十世紀ナシの本拠地。生産量でいうと、千葉県の方が多い。

そして、千葉県内では市川市は白井市に次いで栽培面積が広い。

ふなっしーという、船橋市のキャラクターがいる。彼のキャラクターとしてのプロ意識はそこかしこで賞賛を浴びている。ひとときよりも露出は少なくなったが、それはバラエティー番組の無茶振りに応じることで、純粋なファンを悲しませるのはよくないと気がついたからだとか。

そんな強い意志を持って仕事に取り組める人はそうそういない。微妙だなあ、やりたくないなあ、と思いながらも仕事だからね、と自分に言い訳をする。だいたいの人はそんなものだ。が、ふなっしーはそこで妥協をしない強い意志。ただのキワモノのキャラクターではない、ホンモノの仕事人がふなっしーなのである。

などとふなっしー語りはほどほどに。ふなっしーは船橋がナシの産地、ということにちなんでいる。ただ、実際は船橋市のナシの栽培面積は白井・市川・鎌ケ谷に次ぐ第4位。武蔵野線が果樹園の脇を通る市川大野駅。その市川市こそ、もっと〝ナシの町〟として知られても良いのではないかと思う。

歴史的にも市川のナシの存在は大きい。まだ江戸時代の18世紀後半に、美濃から栽培技術がもたらされたのが市川のナシ栽培のはじまり。約１００年前には、「石井早生」と呼ばれる品種が市川から生まれた。市川大野駅の近くには、大正時代からの原木が残っているそうだ。いま、市川など千葉県内で主に生産されている豊水は、石井早生と二十世紀を掛け合わせた品種に幸水をかけて生まれた。

伝統の市川のナシ。その原点は、市川大野駅にあるといっていい。ただ、市川大野駅前にナシのオブジェがあるというようなことはない。ナシの原点であることを、あからさまにアピールしているわけではなさそうだ。そのあたり、さすが奥ゆかしい武蔵野線沿線の町、である。

ギャンブル路線の真髄——船橋法典

武蔵野線は、ギャンブル路線などと呼ばれることがある。

最近こそウマ娘の大ヒットもあって競馬のイメージもだいぶよくなっている。競馬場に行けば、目の血走ったギャンブルおじさんの姿は少なく、若い女性のグループの方が目立つくらいだ。競馬場があると治安が悪くなる。そんなことは、いまのご時世にはまったくないといっていい。

だが、しかし。武蔵野線の開業前後の時期は、ギャンブルへの風当たりがめちゃくちゃ強かった。とくに、中山競馬場のように最寄り駅まで町中をそこそこ歩かねばならないようなところでは、競馬ファンの質が問われた。〝ギャンブル公害〟などという言葉もあったくらいだ。

ゴミやタバコのポイ捨て、そこら辺で酒を飲んで暴れたり眠ったり。オケラになって帰路につくギャンブラーは、だいたい気持ちがすさんでいるから態度も悪い。目つきも悪い。あいつら、ろくな奴らじゃねえ。うちの町に来てほしくないなあ。

偏見といえば偏見だが、そう思う地域の人たちの気持ちもわからなくはない。西船橋駅では、競馬場に向かう人が乗るタクシーと一般の人のタクシーとでのりばをわける、〝公害対策〟も行っている。

つまり、競馬場をはじめとするギャンブル場は、いわばひとつの迷惑施設だった。

1970年前後は、革新系の美濃部亮吉東京都知事の時代。美濃部都知事は公営ギャンブル廃止を公約のひとつに掲げ、実際に東京都が主催していた公営ギャンブルすべてから手を引いている。大井競馬場や拝島ボートレースは東京都内にあるが、いまも東京都は主催者に名を連ねていない。余談だが、そのときに廃止になった後楽園競輪場の跡地にできたのが東京ドームである。

このように、いまからは想像もつかないくらいにギャンブルへの風当たりが強かったご時世。そんなときに、〝ギャンブル路線〟武蔵野線は開業した。

といっても、武蔵野線沿線にはそれほどギャンブル場があるわけではない。直接的な最寄り駅としては、府中本町駅（東京競馬場）、南浦和駅（浦和競馬場）、船橋法典駅（中山競馬場）くらいなもの。ほかにも西武園競輪場だとか川口オートレース場だとか、また松戸競輪場だとか船橋競馬場まで武蔵野線沿線のギャンブル場としてあげられることがある。ただ、これらは沿線というよりも、武蔵野線から乗り換えて行くことができるギャンブル場だ。

船橋法典駅前。開業時は「中山競馬場前」の副駅名もあった

だいたい〝迷惑施設〟の類いは昔の遊郭みたいなもので、都心の真ん中ではなく少し離れた郊外に設けられることが多い。郊外を環状に走る路線である武蔵野線が、そうしたギャンブル場に比較的近いというのは、ある意味でとうぜんのことである。なので、武蔵野線から乗り換えて行けるギャンブル場まで含めて〝ギャンブル路線〟などというのは、ちょっと言い過ぎじゃないかとも思う。

まあ、それでも府中本町と船橋法典という、おおよそ両端にＪＲＡの大競馬場がある。東京競馬場の日本ダービーや中山競馬場の有馬記念といった超ビッグレースでは、数万人どころか10万人レベルの人が押し寄せる。ふだんは競馬を見ないような人でも馬券を買ってしまう。そんなレースが目白押しなのが、東京競馬場と中山競馬場だ。そのどちらも武蔵野線が最寄り駅というのだから、ギャンブル路線の異名をとってもしかたがない。

武蔵野線はギャンブル路線がゆえの業を背負わされて開業した。府中本町駅から東京競馬場へは直結する陸橋が設けられた。そしてこの船橋法典駅からも、中山競馬場に向かう専用の出入り口と地下道がある。人呼んで、ナッキーモール。競馬開催日のみ開く臨時の改札口を抜けてナッキーモールを歩いて行けば、そのまま中山競馬場のスタンドに入ることができるという按配だ。

いっときに数万人ものお客が押し寄せる、有馬記念当日の中山競馬場。ふだんのお客はそれほど多くない船橋法典駅が、1年でいちばん混み合う日だ。そのときも、このナッキーモールのおかげで町の静謐はそれなりに保たれる。

かくいうぼくも、何度もナッキーモールを歩いて中山競馬場に行ったことがある。ただ、有馬記念のようなビッグレース当日は、とにかく混む。あまりにも混む。ナッキーモールはまるで初詣の行列か、盆暮れの高速道路レベル。規制退場も行われ、普段ならば駅まで15分もかからないところ、1時間以上かかったりもする。

なので、ときにはナッキーモールではなく地上を歩いて船橋法典駅や、場合によっては西船橋駅まで歩くこともあった。似たようなことを考えている人は少なくないもので、地上の道路にも列ができる。それでも、数万人ものギャンブラーが船橋法典の町を練り歩くよりは、住宅地になっている一帯に及ぼす影響はだいぶ小さくてすむ。

武蔵野線のギャンブル路線とは、ただ単にギャンブル場が沿線に多いというだけのお話ではない。駅から競馬場直

船橋法典駅直結の中山競馬場では、有馬記念や皐月賞などのG1レースが行われる

結の専用通路によってギャンブル客の利便性を確保しつつ、周辺の町への影響は最小限に。それを両立することによって、誰もが不満を抱くことのない、ギャンブルライフを実現しているのだ。影響というと、地元の町に繰り出すギャンブラーが減って、オケラ街道が寂れてしまうこと、くらいだろうか。

やはり、武蔵野線は日本一のギャンブル路線なのである。

戦後開業から全国屈指のマンモス駅へ――西船橋

府中本町駅から71・8㎞に及ぶ、短くて長い武蔵野線の旅は、ついに終わりを迎える。

船橋法典駅から、中山競馬場を西に、かつての海軍無線電信所船橋送信所跡（円形の街路が特徴的なので、地図を見ればすぐにわかる。「ニイタカヤマノボレ」の無線通信を行った送信所だ）を東に見つつ、住宅地の中を南に進む。京成本線と千葉街道（国道14号）を続けて跨いだら、すぐに総武線の線路の頭上に設けられた、西船橋駅のホームに滑り込む。

西船橋駅の2022（令和4）年度1日平均乗車人員は、実に11万9941人に及ぶ。千葉県内では第1位、JR東日本全体でも第15位に入る。この数字はJR東日本、つまり武蔵野線・京葉線・総武線のお客だけなので、地下鉄東西線や東葉高速線のお客を加えればもっと大きな数字になるだろう。武蔵野線の終着駅は、国内屈指のターミナルなのである。

ただ、武蔵野線という立場にたってみると、西船橋駅においてはちょっと肩身が狭い。きっと、西船橋駅のお客のほとんどは、武蔵野線やそれと直通する京葉線ではなく、総武線ユーザーだからだ。地下鉄東西線と乗り換える客も、相当数含まれているにちがいない。

現在の総武本線が総武鉄道として開業した時代、西船橋という駅は設けられていなかった。お隣の船橋駅は

１８９４（明治27）年にいちはやく開業しており、旧千葉街道の船橋宿の系譜を引く65万都市・船橋市の基礎を築いた。

しかし、その西にあったいまの西船橋一帯は、わずかに街道沿いに集落がみられるくらいの寒村に過ぎなかった。駅のすぐ近く、千葉街道沿いにある勝間田公園には、かつてフナやドジョウが暮らす池があったとか。それくらいのどかな寒村に、将来県下最大のターミナルが生まれるなど、誰も考えもしなかっただろう。

西船橋駅が開業したのは、１９５８（昭和33）年のこと。もちろんまだ武蔵野線は開業していないし、総武線の快速と各駅停車の複々線化もまだだった。現在のような橋上駅舎になったのは、複々線化が完成した１９６８（昭和43）年になってからだ。

開業当時の西船橋駅周辺は、まさにザ・町外れ。駅開業の目的のひとつは、船橋法典駅と同じく中山競馬場だったようだ。市街地の形成がまだまだ進んでいなかった一帯であり、住宅地を生み出そうという狙いもなかったとは思わない。ただ、いちばんの西船橋駅の〝ドル箱〟はやはり中山競馬場だった。

それが、１９６９（昭和44）年に地下鉄東西線が乗り入れるようになって、大きく変化する。都心直結の地下鉄の始発駅になるのだから、座って通勤したい人たちが西船橋にやってくる。わざわざ遠方からクルマで来る人もいた。駅周辺にまず最初にできたのは、そうした人たちのための駐車場だったという。

その後、１９７８（昭和53）年には我らが武蔵野線も乗り入れる。この頃には、駅北側を中心に市街化も著しく、

西船橋駅北口。千葉県内最大のターミナルのひとつだ

中山競馬場のギャンブル客の効果もあって歓楽街の様相も呈している。駅南口が田園地帯から市街地になっていったのは、１９９０年代以降のことである。

こうして西船橋の町は、最初の総武線に加えて地下鉄東西線、武蔵野線、京葉線と乗り入れ路線が増えるたびに拡大・発展していった。

西船橋の歓楽街は西口の駅前一帯に広がっている

いまの西船橋駅は、正直ちょっと迷う。改札の中にはエキナカ商業施設があるし、地下鉄東西線・東葉高速線との連絡改札もある。総武線は地上を通っているのに武蔵野線・京葉線のホームは橋上駅舎よりさらに上の高架ホームだ。日常的に利用していないと、迷わず外に出ることができずに、間違えて東西線への連絡改札を抜けてしまいそうになる。それだけ西船橋駅が、大きな駅に育ってきたのである。

ちなみに、西船橋駅もギャンブル駅のひとつ。中山競馬場を訪れた客の一部は、船橋法典駅からひと駅だけ武蔵野線に乗って西船橋駅で総武線に乗り換える。その乗り換えの合間に改札の外に出て酒を飲む。そうした人たちを当て込んだ店が、駅周辺にひしめいている。

キタサンブラックが引退レースの有馬記念を快勝したその前日。中山競馬場で競馬を楽しみ、その後西船橋の町で飲んだ。くだらない話をしながらひたすら飲んでいたら、気づけば終電がなくなっていた。武蔵野線の終電が早いから、などというレベルではないくらい夜中になっていた。そこまでいくと、さしもの西船も朝まで過ごせるような店は少なく、途方に暮れたのをよく覚えている。西船橋駅をご利用のみなさま、ぼくの二の轍を踏まないよう、お気をつけくださいませ。

ディズニー、メッセへ続く旅

西船橋から先は、直通運転を行っている京葉線の線路。京葉線は西船橋駅の南で二股に分かれる。西は舞浜・新木場を経て東京駅の地下ホームへ。泣く子も黙るディズニーランドにも、武蔵野線に乗れば乗り換えなしで行くことができる。かくして埼玉県民は、ディズニーランドへの直通路線を手にしたことになる。

京葉線で東へ行けば、海浜幕張、蘇我方面。海浜幕張駅は幕張メッセ、ZOZOマリンスタジアムの最寄り駅だ。ただ、こちらに直通する武蔵野線の本数は少ない。昼間は10分間隔で走る武蔵野線だが、そのうち半分は京葉線の東京駅ゆき。半分は京葉線にちょこっとだけ乗り入れて南船橋駅を終点とする。

南船橋駅では、対面乗り換えで京葉線の下り列車と接続。直通列車でなくとも、これに乗り継げばそれほど難儀することなく海浜幕張方面に向かうことができる。

いつだったか、武蔵野線をぐるりとまわり、南船橋駅で京葉線に乗り継いだことがある。武蔵野線は、他路線と接続する駅から駅へと渡り歩くようなお客がほとんどだ。だから、最初に乗り込んだ駅で座ることができなくても、だいたい途中のどこかで座ることができる。ゆったりと座って武蔵野線の旅。

ところが、そのときは西船橋駅でやたらとたくさんのお客が乗り込んできて、たちまちすし詰め満員になった。そして、南船橋駅に着いてもそのほぼ全員が京葉線に乗り換える。これはZOZOマリンスタジアムで佐々木朗希が投げるのか、と思ったらさにあらず。その日のイベントは幕張メッセの東京ゲームショウだった。

かくのごとく、武蔵野線は〝武蔵野〟、すなわち東京西部の多摩地域から埼玉県中南部の、かつては雑木林が生い茂った郊外を走りつつ、最後は京葉間の海沿いにまで通じているのだ。

東京湾の運河を走る京葉線。武蔵野線からの直通は主に東京方面に向かう

武蔵野線を全線乗ったら所要時間はおよそ1時間20分。多摩地域からならば、都心をまっすぐ抜ければいちばん早いじゃないかと思う向きも多かろう。しかし、それでは中央線や京王線、はたまた西武池袋線、東武東上線といった放射状路線に乗り換える手間が強いられる。あげくに東京や新宿など、始終お祭り騒ぎのマンモスターミナルでの乗り換えまで待ち受けている。

それでいて、所要時間が10分や20分早くなる程度なら、座ってのんびりの武蔵野線の旅をしたっていいじゃないか、と思う。それくらいの心の余裕が、武蔵野線沿線に住んでいれば生まれるのだ。せわしなく乗り継いで、ほんの10分を急ぐくらいなら、武蔵野線で急がば回れ。ひと昔前の古い車両は姿を消して、他路線からの転属とはいえE231系が走っているから乗り心地もいうことなし。気が向いたらどこかで乗り換えて、都心や反対の大宮、柏、千葉などを目指してもいい。どこに行くにも、武蔵野線ほどに便利な路線はない。惜しむらくは神奈川方面に旅客列車が走っていないことだが、府中本町で南武線に乗り換えておけば、その不便さは解消される。

武蔵野線は、沿線の人々の暮らしを劇的に変えた。いや、武蔵野線ができたから、沿線に人々が増えて多摩地域や埼玉県南東部の低地エリア、千葉県西部の松戸・市川・船橋あたりがおおいに発展したともいえる。少なくとも、武蔵野線ほど便利な鉄道路線はない。

東京は人が多すぎて苦手、などという地方出身の人は、武蔵野線沿線で暮らすことを考えてみてはいかがだろうか。もちろん、東浦和〜南浦和間のように、日本屈指の混雑区間もないことはないし、他の区間もそれなりに混んでいる。ただ、それでもだいたいの人は南浦和か武蔵浦和で電車を降りて乗り換える。だから、長区間乗る場合はきっとどこかで座れる。乗り換えるならほんの数分を我慢するだけでよい。昼間になればお客はぐっと少なくなって、快適な時間を過ごせること請け合いだ。

そんなわけで、東京に出てきてどこか暮らしやすいところはないかと探している人がいたら、武蔵野線沿線を全身全霊でおすすめしたいのである。

第3章

武蔵野線ヒストリー

環状路線考

武蔵野線の決定的な特徴のひとつは、環状路線であるという点にある。

旅客路線としては府中本町〜西船橋間で、これだけを見れば半円状だ。半ば貨物専用となっている鶴見〜府中本町間を加えると、東京湾を間に挟んで環状路線が完成する。また、旅客路線としても、JR東日本は南武線や横浜線、京葉線とともに「東京メガループ」と呼んでいる。首都圏を取り囲むようにその郊外、路線名の通り〝武蔵野〟と呼ばれる地域を環状に走る。それが、武蔵野線の本質のひとつである。輪が閉じていない点を重視するならば、〝不完全な環状路線〟とでも言うべきだろうか。

環状路線というと、いちばんに思い浮かぶのは山手線であろう。山手線は、完全無欠の環状路線だ。山手線の緑の電車は、まったくエンドレスの環状運転を行っている。

日本国内には、ほかにJR西日本の大阪環状線と名古屋市営地下鉄の名城線が、エンドレス環状運転の路線だ。ただ、これらはいずれも戦後になって完成して環状運転を開始した。山手線は1925（大正14）年から環状運転をはじめており、その意味ではパイオニア、先駆けである。

武蔵野線のように、輪が閉じられていない不完全な環状路線はほかにもあるし、運転系統が環状ではない都営地下

環状運転を行っている路線の“ルーツ”は山手線だ

鉄大江戸線のようなものもある。これらあらゆる環状路線のルーツは、山手線にあるといっていい。とりわけ武蔵野線は、山手線が囲んでいる東京都心のど真ん中からさらに拡張し、近代以降成立した〝郊外〟を含む広大な首都圏、東京を内包している。その点において、武蔵野線は山手線の弟分。発展拡張した首都圏の象徴ということもできるのではないかと思う。

明治通りは東京の環状道路第一号

これは鉄道ではなく道路の話になるが、そもそも江戸時代まで江戸の町には環状線は存在しなかった。江戸に限らず、だいたいの城下町が環状線を持たない。お堀がその代わりをしていたという一面もあるだろう。ただ、意図的に環状線を設けなかったというよりは、それが必要になるだけの規模を持っていなかったというほうが正しいかもしれない。

東京において、本格的に〝環状道路〟の整備がはじまったのは、関東大震災以降のことだ。

１９２３（大正12）年の震災後、帝都復興院総裁に就任した後藤新平の旗振りのもと、新たな東京の都市としての骨格が作られた。そのとき生まれたのが、東京都心を環状に結ぶ道路の計画である。東京ではじめての環状道路は、１９３３（昭和8）年に完成した明治通りだ。その8年前に山手線が環状運転を開始していたということと合わせてみると、大正から昭和にかけてのこの時期が、東京都心を取り囲む環状線のはじまりの時期といえそうだ。

ちょうどこの頃は東京市が都心部の15区から豊多摩郡や北豊島郡な

京王井の頭線を開業させた東京山手急行電鉄は、"第二環状線"の計画を持っていた

どを編入して35区に拡大する時期にあたる。15区はおおむね明治通り・山手線の東側。35区に含まれる市街地は、戦後になって完成する山手通り（環状6号線）の内側である。東京の環状線は、鉄道・道路に限らず〝東京市街地の境界線〟という役割を持っていたのである。

ちなみに、1927（昭和2）年に東京山手急行電鉄という鉄道会社が、山手線の外側にいわゆる〝第二環状線〟の免許を取得している。さすがに武蔵野線ほど外側ではなく（この頃の武蔵野線沿線は、ほとんどまったくの農村地帯に過ぎなかった）、大井町〜世田谷〜滝野川〜西平井〜州崎がそのルート。おおよそ現在の山手通りに近い。

関東大震災は、都心離れ、すなわち郊外の成立を促したとされている。ちょうど放射状の私鉄路線ネットワークが完成しつつあったこともそれを後押しした。都心への通勤が1時間もかかるような郊外のニュータウンは戦後の開発だが、少なくとも明治通り・山手線付近から山手通りの外側まで〝東京〟が拡大していったのがこの時代、というわけである。第二環状線の構想は、そうした動きを象徴するものといっていい。

なお、東京山手急行電鉄は小田急創設者の利光鶴松の傘下に入り、渋谷急行電鉄を合併。渋谷急行電鉄が取得していた免許をもとに現在の京王井の頭線を開業させた（開業前に帝都電鉄に改称）。第二環状線を断念したわけではなかったようだが、ほどなく戦争の時代に入り、実現することなく免許を失効している。

いずれにしても、戦前の段階では〝東京〟が明治通り・山手線の外側へと拡大していった。戦後、さらにその拡大は続き、環状線も環状七号線と八号線が整備されている。戦後の復興期から高度経済成長期へと移り変わる中で、首都圏の人口は爆発的に増加。東京の外縁部には、ベッドタウン的な役割を持つ衛星都市が次々と誕生する。

そうした衛星都市は、放射状の鉄道路線によって都心と結ばれていた。その混雑は激しさを増すばかりで、混雑による遅れも常態化。混雑緩和＝輸送量増強も時代の要請となった。それが常磐線や総武本線、中央本線などの複々線化をはじめとする「五方面作戦」だ。

そして、はじめは都心と結ばれてさえいればよかった衛星都市も、相互連絡の必要性を認めるようになってゆく。

こうして、武蔵野線を求める環境が整えられていった。武蔵野線は、「東京」という大都市が拡張、肥大化してゆく中で求められるようになった、いわば「広がり続ける首都圏」のシンボルなのである。

埼玉県が熱望した「玉葉線」

武蔵野線の計画の原点は、１９２２（大正11）年に公布された改正鉄道敷設法にある。明治時代に成立した旧鉄道敷設法による主要幹線の整備がおおむね完了したことを受け、地方路線の建設を促進するために定められた法律だ。同法では、その「別表」において全国津々浦々のいわゆる〝ローカル線〟の予定線を挙げている。その数は実に１４９路線。52路線がその後も追加された。ローカル線建設の〝法的根拠〟になった法律である。

武蔵野線にまつわる予定線は公布時には設けられておらず、後になって追加されたものだ。そのうち最も古いのは、１９２７（昭和２）年改正で追加された次の路線である。
・第五十号ノ二　千葉県我孫子ヨリ埼玉県大宮ニ至ル鉄道

・第五十号ノ三　埼玉県与野ヨリ東京府立川ニ至ル鉄道

前者は武蔵野線というよりは東武鉄道野田線（東武アーバンパークライン）に近く、後者についても起点が浦和ではなく与野、終点が府中ではなく立川になっているなど、実際の武蔵野線とは多少の相違が見られる。とはいえ、これがのちに武蔵野線建設にあたっての法的根拠のひとつになるのだから、武蔵野線のルーツはここにあるといっていいだろう。１９２７（昭和２）年の時点で、すでに武蔵野線の前段階の構想は生まれていたというわけだ。

なお、同じく改正鉄道敷設法別表では、第四十九号ノ二（船橋ヨリ小金ニ至ル鉄道）・第五十号ノ五（国分寺附近ヨリ神奈川県小倉付近ニ至ル鉄道）が現在の武蔵野線に該当する。これらはいずれも戦後になって武蔵野線の建設が決定してから追加されたものだ。

ともあれ、昭和初めの段階である程度の〝構想〟があった武蔵野線。実際に戦前も多少の調査を行ってはいたようだ。戦争の時代のことだけに、東京都心を回避するバイパスルートとして軍用路線の価値を検討したのかもしれない。実際に東京は空襲で壊滅的な被害を受けており、実現していれば物資輸送などにおいて大きな効果を見せていたことだろう。

しかし、戦前の段階で武蔵野線（別表の前掲2路線）の構想が具体化することはなかった。本格的な動きが見られるのは戦後になってから。はじめに声を上げたのは、埼玉県であった。

１９５２（昭和27）年5月、埼玉県が鉄道建設審議会にある計画書を提出する。そこで挙げていた新路線はふたつあり、ひとつは秩父山地を越えて埼玉県西部から長野県までを結ぶ、「武信線」と名付けた壮大な路線。そしてもうひとつが、千葉県の我孫子・流山付近から吉川・越谷・浦和などを経て所沢付近で武信線と接続するものだった。埼玉と千葉からひと文字ずつ頂いて、「玉葉線」と称していた。これこそが、武蔵野線の直接的なルーツである。鉄道の新線建設を決定する鉄道建設審議会にこの路線の計画を提出したということは、埼玉県がとにかく玉葉線（と武信線）を欲していた、ということに他ならない。
「玉葉線」の構想はさらに進む。１９５５（昭和30）年には「首都圏外郭環状鉄道建設期成同盟会」が結成され、運輸省や国鉄などの関係当局への陳情を続ける。この段階ですでに武信線は諦めていたようで、玉葉線のルート案は我孫子〜流山〜吉川〜越谷〜浦和〜所沢〜立川〜横浜となっている。おおよそ現在の武蔵野線のルートといって差し支えないだろう。

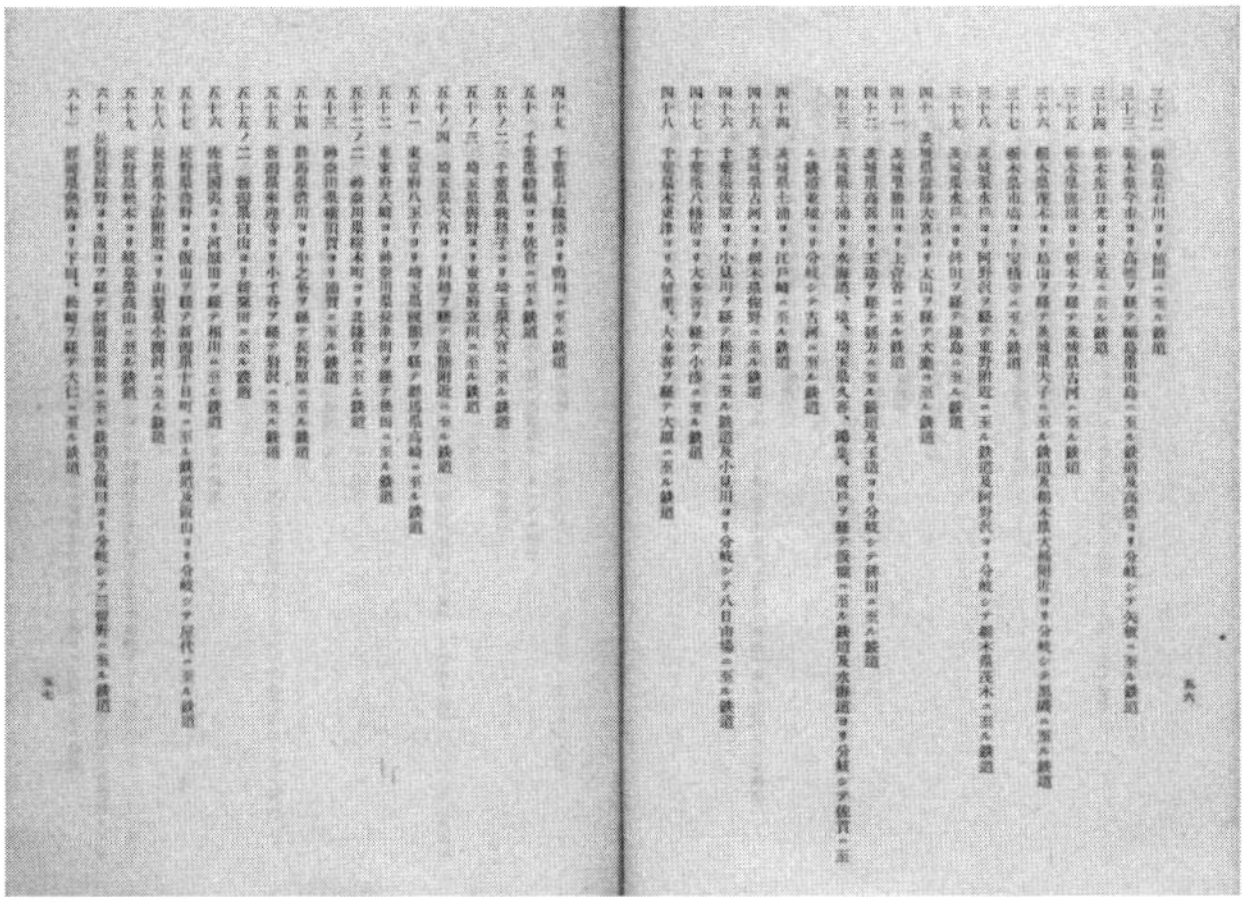

1927年改正で追加された予定線を含む改正鉄道敷設法別表の一部。武蔵野線の原点である（国立国会図書館デジタルコレクション）

期成同盟会が掲げた玉葉線の意義は、すなわち環状線であった。すでに東京都心を中心とした放射状の鉄道網は完成しており、それを補完する環状線の必要性を説く。東京・埼玉・千葉・神奈川を横に結ぶことの意義である。東京の衛星都市同士を結ぶことで、埼玉県内で約50万人が恩恵を受けるとしている。

埼玉県をはじめとする首都圏郊外は、東京都心との連絡ばかりを優先して整備が進んできた。それが一定の形を得た段階において、〝横のつながり〟を求めるのは自然の成り行きだ。必ずしも東京ばかりを向くのではなく、相互連絡を強化することでより一層都市機能を高めることを目指したのである。

加えて埼玉県は、常磐線・東北本線の貨物を都心（山手貨物線）を経由せずに鶴見、東海道本線方面に輸送できるというメリットも示している。実現した武蔵野線の目的そのものである。

埼玉県にとっては、旅客輸送のメリットは大きいにしても、貨物輸送のメリットはそれほど大きなものではなかろう。ただ、玉

東武野田線を買収して玉葉線の一部にする構想もあった

葉線の建設を現実のものにするためには、「埼玉県はこれだけうれしい！」といくら訴えたところでのれんに腕押し。広域的な意義を説くことこそが、実現への道筋を拓く、というわけだ。

なお、玉葉線沿線地域と予定された春日部や岩槻、大宮などの市村の間では、東武野田線を国鉄が買い上げて武蔵野線にすることを求める動きもあったようだ。改正鉄道敷設法別表の第五十号ノ二にある「千葉県我孫子ヨリ埼玉県大宮ニ至ル鉄道」は、武蔵野線というより野田線に近い。なので、それを買収して武蔵野線の一部とすることで、建設コストの圧縮が可能であると主張したかったのだろう。

当時、新路線建設に充てる国鉄の年間予算は全国で約25億円。全国各地で新路線建設を求める陳情が展開され、各地の政治家たちも出身選挙区への利益誘導とばかりに先頭に立って気勢をあげていた。つまり新路線建設は〝予算の取り合い〟という側面も持つ。玉葉線は江戸川や荒川などの大河川を跨がねばならず、建設費の高騰が心配されていた。

野田線の買収はさすがに現実のものとはならず、いまでは東武アーバンパークラインとして武蔵野線よりひとまわり外側の〝環状線〟の機能を発揮。沿線の住宅地としての発展も続いている。

ともあれ、こうした埼玉県を中心とした玉葉線建設促進の運動が実ったのかどうか、鉄道建設審議会は玉葉線建設を決定。それを受けて、１９５６（昭和31）年に改正鉄道敷設法別表の予定線から調査線に〝昇格〟する。「武蔵野

首都圏の通勤路線輸送力増強が武蔵野線建設の遠因になっている(日本国有鉄道百年写真史)

線」という呼称は、この頃から広く使われるようになった。これが、「武蔵野線を熱望した埼玉」から見たはじまりの物語である。

「都心回避」を求めた国鉄の事情

埼玉県がいくら武蔵野線を熱望しても、それだけで「はい、わかりました」と建設が決まるほど世の中は甘くない。国の側にも武蔵野線を必要と認めるだけの理由がなければならない。

鉄道建設審議会は、建前上は客観的な審議の上で建設する新路線を決める。実際には多分に政治的な要素がからむとはいえ、むやみやたらに地方の要望を受け入れていたわけではない。とりわけ武蔵野線は我田引鉄が成り立つようなローカル線ではない。都市部……というほどにはまだ発展していなかったものの、首都圏の鉄道ネットワークを構成する一路線である。だから、武蔵野線は建設を決定するに足る、明確な理由が必要だったのである。

国鉄にとって、武蔵野線建設の第一の目的は「貨物輸送」であった。いまでも武蔵野線沿線には3つの貨物ターミナルがあり、貨物列車も盛んに走っている。それは、いわば「貨物新線」として建設された武蔵野線の名残といっていい。

武蔵野線の建設が俎上に載っていた昭和30年代は、首都圏の人口増加と産業の集中が一層進んだ時代である。通勤五方面作戦と名付けられた首都圏の輸送力増強策も、混雑率200％超えが常態化していた通勤ラッシュの緩和が目的だった。とにもかくにも、走る列車の数を増やさなければならなかった。

いっぽうで、貨物の輸送量も増えていた。

当時はまだまだ貨物輸送は鉄道が中核を担っており、東京都心にも盛んに貨物列車が乗り入れていた。京浜工業地帯や京葉工業地域の整備も進み、昭和30年代には鉄道貨物輸送の需要も逼迫していたのだ。

都市部の通勤列車は大半が電化されていたが、貨物列車はまだまだSLが現役バリバリのご時世。東京のド真ん中を、後ろに貨車を連ねてD51が煤煙を上げて駆け抜ける……。令和の鉄道好きにとっては垂涎モノの光景だろうが、一般的には迷惑というほかない。また、ジェット燃料などの危険物も貨物列車で都心を走っていた。これに対する忌避感も小さいものではなかったようだ。

かくて、旅客も貨物も逼迫の極み。そうなれば、新たな路線を作るしかない、というわけだ。

八ツ山陸橋付近の品鶴線。貨物線として建設された路線だ（日本国有鉄道百年写真史）

逼迫する輸送需要に対応するための新線建設は、戦前からはじまっていた。大正時代には、山手線の品川～田端間を複々線化し、新しい線路を山手貨物線として貨物列車専用にしている。また、昭和の初めには東海道本線品川～鶴見間に新線の品鶴線が開業。旅客列車が既存の本線を走り、貨物列車を品鶴線に回すことで旺盛な輸送需要に対応している。

つまり、都心部の旅客輸送需要の増加を受けて貨物列車を新線に逃す必要が生じて新たな路線を建設する。武蔵野線も、そうした流れの中で生まれた路線といっていい。

この点からみた武蔵野線のキモは、都心を経ずに総武本線・常磐線・東北本線・中央本線・東海道本線を相互連絡するということに尽きる。武蔵野線の開業によって貨物列車を郊外（つまり武蔵野線）に逃すことができれば、山手貨物線や品鶴線を旅客路線に転用できる。

武蔵野線そのものもまったくの新線であるから、貨物駅や操車場の機能を沿線に多数設けることによって、貨物輸送需要の増加にも対応できる。結果として、東京を中心とした首都圏の輸送体制が、貨客ともにいっそうの充実を見る。実にまったく、合理的な発想において、武蔵野線の建設が要請されたのである。

こうして、埼玉県と国鉄の思惑が合致し、玉葉線こと武蔵野線の建設が決定した。もしかしたら、埼玉が求めなくても、国鉄側の事情で建設は決まっていたかもしれない。が、それはまあ、仮定の話である。

武蔵野線の建設が本決まりし、建設線になったのは１９５７（昭和32）年のこと。鶴見～多摩川右岸を武蔵野南線、多摩川右岸～荒川左岸を武蔵野西線、荒川左岸～松戸市小金付近を武蔵野東線、小金～西船橋を小金線と称し、順次建設が進められることになった。国鉄側は、常磐線と東北本線の接続を急ぐ構えで、同年末には武蔵野東線を着工する――。

ところが、実際に武蔵野線の建設工事が動き出したのは、１９６４（昭和39）年であった（この年に基本計画が提示され、運輸大臣が建設を指示、工事線に昇格した）。着工はその翌年、１９６５（昭和40）年である。

いったいなぜ、事実上の建設決定から約8年も工事が始まらなかったのだろうか。

ちょうど国鉄が東海道新幹線の建設に邁進している時期で、予算確保の優先順位が低かった、というのも理由のひとつであることは間違いないだろう。ただ、１９５８（昭和33）年には予算こそついていたものの、国鉄が武蔵野線の測量を中止する、というできごともあった。用地買収など具体的な手続きに入る前段階の航空測量の時点でそれがままならない。予算があるのに測量もできない。これは、ひとえに埼玉県内において、武蔵野線が経由する地点が定まらなかったためである。

浦和か大宮か、それが問題だ

埼玉県内における武蔵野線の経由地は、鉄道建設審議会が建設を答申する以前から揉めていた。

国鉄サイドとしては、武蔵野線建設の第一義は貨物輸送にある。だから、できるだけ都心に近く、それでいて用地買収や建設が低コストで済むような場所を選びたい。ところが、埼玉県側としては貨物輸送はもとより旅客輸送への期待が大きい。となれば、新幹線の建設ルートを巡る議論の紛糾ぶりを見ても明らかなとおり、武蔵野線という新線がどこを通るのか、これは実に大きな問題である。

改正鉄道敷設法別表に基づけば、武蔵野線のルートはまず我孫子〜大宮間となる。が、それは既存の東武野田線と平行しているし、東京都心から遠すぎる。もう少し都心寄りが望ましい。そこで、埼玉県内の諸都市、とくに大宮・浦和・川口各市が激しい誘致運動を繰り広げたのだ。

大宮にしてみれば、もともとの改正鉄道敷設法に基づけば大宮に乗り入れるのが正当と考えるのはあたりまえ。しかし、県庁所在地である浦和も負けてはいられない。１９５６（昭和31）年11月に浦和の県庁舎で開かれた武蔵野線建設促進大会では、浦和を経由地とすることで決議している。

東海道新幹線浜名橋梁工事。新幹線建設は最優先の国家プロジェクトだった（日本国有鉄道百年写真史）

一日も早い着工・開業に向けて、経由地の決定を急ぐ。それは浦和だけでなく、沿線となることを予定される吉川や所沢、また千葉県内の諸市とも一致する。その上で、大宮経由案を否定する形で、浦和経由を決議したのだ。

これで落着していれば、建設決定から着工までスムーズに進んだことだろう。

しかし、大宮とて振り上げた手は簡単には降ろせない。浦和・大宮ともに市長や地盤とする国会議員が乗り出し、商工会議所などとタッグを組んで誘致運動を展開した。浦和が「すでに決定している」と突き放せば、大宮は「操車場があるのは大宮で、武蔵野線の機能からして当然大宮であるべき」と返す。改正鉄道敷設法別表の通りに決まるものだと思っていたら、急に県議会が浦和経由案を持ち出したので必死の抵抗をしている、といったところだろうか。

いまさらここで蒸し返すことでもないが、浦和と大宮の関係は実に複雑である。

近代以前、鉄道がなかった時代には、浦和も大宮もともに中山道の宿場町だった。明治に入り、1869（明治2）年1月の廃藩置県で最初に置かれた県は「大宮県」。しかし、この大宮県は暫定的に県庁舎を東京馬喰町に置いたまま、わずか8か月後に浦和県と改称する。大宮は、県庁所在地の立場をたったの8か月で浦和に奪われたのだ。

1883（明治16）年に上野〜熊谷間の鉄道が開業すると、現在のさいたま市内にも駅ができるのだが、それは大宮ではなく浦和駅。県庁がある町なのだから当然ともいえる。結果、大宮は人口や経済規模においても浦和に大きく水をあけられてしまう。

ところが、1885（明治18）年になると、現在の東北本線と高崎線の分岐点として大宮が選ばれ、大宮駅が開設。周囲には大宮工場をはじめとする鉄道関連の施設が集まり、

大宮駅。県庁所在地は浦和に譲り、鉄道の町となった

武蔵野線の荒川橋梁(日本国有鉄道百年写真史)

鉄道の町として発展することになる。こうして大宮は「鉄道の町」、浦和は「県庁の町」として、うまく棲み分けができているようで、そうでないようで、という微妙な関係性のまま時を過ごしてゆくことになった。

武蔵野線を巡る綱引きから少し前の1948(昭和23)年に埼玉県庁舎が放火で焼失している。このとき、焼失直後から大宮(や熊谷も)が県庁の移転再建先として手を挙げた。移転を強硬に求める市民団体などもあり、放火犯はそうした人たちではないかと疑う向きも出て、このときもたいそう揉めたようだ。決着は埼玉県議会の特別委員会にまで持ち込まれ、1950(昭和25)年、つまり焼失から2年あまり経ってから、ようやく浦和での存続に決まっている。

武蔵野線の経由地問題は、そうした〝トラブル〟の記憶がまだまだ新しい時期に生じたのだ。だから、話がこじれるのもやむをえないといえばやむをえない。それでも、最終的には浦和を経由地とすることで、県議会・県知事の判断を得た。

ところが、これで終わりとならないのが鉄道経由地を巡る問題のややこしいところだ。国鉄側は、建設コストを削減するために、東京都心に近く路線距離を短縮できる川口と蕨の間を経由する案を考えていた。そうなると勢いづくのは川口市。県が決めたはずの浦和経由案に対して川口経由を求めて話をややこしくしたのだ。

国鉄としては、蕨経由とする方針を持っていたようだ。ただ、最終的には浦和経由になっている。

実際に建設を担うことになった日本鉄道建設公団東京支社は、民家が多く用地買収が大変であること、また湿地帯で地質が悪いことなどを理由に浦和経由に変更したとしている。その裏でいくらかの政治的な駆け引きがあったのかどうかはわからない。ただ、県庁所在地である浦和という町が、武蔵野線の経由地を巡る駆け引きでは完全な勝利者となったのである。

ちなみに、実際の着工に際しては、肝心の浦和（南浦和）を中心に反対運動が起きている。もともと南浦和周辺は文教地区で、騒音などへの懸念が反対の理由。それをきっかけに反対運動は周辺の町にも飛び火し、用地買収もままならない状況になったという。比較的用地買収にかける手間が小さいことが武蔵野線の経由地の特徴ではあったが、数少ない都市部の経由地においてそうしたトラブルを招くことになった。

必死に誘致しておいて決まれば反対とはずいぶん都合がいい。そう感じるのは第三者の傲慢で、実際にはいろいろな立場があるのだろう。いずれにしても、防音壁の設置やＰＣまくら木・ロングレールの採用といった防音措置を図ることで着工にこぎ着けている。

開業当時は40分間隔運転

このように多少の曲折はありつつも、武蔵野線は１９６５（昭和40）年になってようやく工事に着手することができた。

小金〜浦和間は１９６５（昭和40）年に10月８日に、浦和〜稲城間が１９６７（昭和42）年１月20日に、そして小倉〜稲城間が同年10月９日に工事実施計画の認可を受け、順次工事がスタートしていった。起工式は１９６５（昭和40）年12月17日、南浦和駅で行われている。

まずは武蔵野東線の工事から進められ、１９６７（昭和42）年６月28日には西線も着工。ここまで来れば工事は比

府中本町駅で行われた一番列車の出発式(朝日新聞社)

較的順調に進み、１９７３(昭和48)年4月1日に府中本町~新松戸間57・８㎞が開業した。

府中本町~新松戸間の開業とともに、西国分寺・新小平・新秋津・東所沢・新座・北朝霞・西浦和・東浦和・東川口・南越谷・吉川・三郷・南流山・新松戸の14駅が旅客駅として開業。加えて、新座貨物ターミナル・越谷貨物ターミナルが開業し、田島信号場・別所信号場が設けられた。

また、主要路線同士を郊外で連絡するという本来の目的通り、中央本線(新小平~国分寺)・東北本線(西浦和~与野)・常磐線(南流山~北小金/南流山~馬橋)との貨物支線も設けられている。

開業初日は徹夜組の鉄道ファンを含めて大盛況で、乗車率は２００%超の上々の滑り出しを見せた。混雑が原因か、乗客のハンカチがドアに挟まって閉まらなくなるというハプニングもあったが、それ以外には特に大きな問題も起こらなかったという。

開業に合わせて武蔵野線に投入された車両は、１０１系１０００番台であった。１０３系を中央線に投入、それによって余剰になった１０１系が大井工場で改造の上、66両が武蔵野線に投入されている。改造が必要になったのは、武蔵野線には長大なトンネルがあり、難燃性を高めた「A基準」が求められたためだ。

開業時点では全編成が6両編成で、ラッシュ時には15分間隔、日中はなんと40分間隔というダイヤが組まれた。40分間隔とは、まるで東京近郊の通勤通学路線としての体を成していない。言葉を選ばなければ、旅客ダイヤはせいぜいローカル線に毛が生えた程度だったといっていい。

また、南浦和を中心とした建設反対運動の〝見返り〟として約束されていた大宮駅への乗り入れも実現しなかった。運転方法や設備面の問題に加え、進行中だった新幹線関連工事が絡んで断念することになったようだ。

埼玉県などは、「県民の宿願成就」などといって武蔵野線の開業を祝している。が、果たしてほんとうにこのようなダイヤで満足していたのかどうか。

それでも、便利になったことは疑いようがない。たとえば、浦和から国分寺に向かう場合、武蔵野線開業前は赤羽・池袋・新宿で乗り換えを要して約1時間30分かかっていた（当時はまだ埼京線も湘南新宿ラインも開業していない）。それが武蔵野線開業によって、約30分にまで短縮されたのだ。

浦和から国分寺に行く用事なんてあるのか、とも思うが、それはそれ。現実的なことをいえば、所沢と浦和は同じ埼玉県内ながら、いったん池袋に出なければならなかったのだ。沿線の人々にとって、武蔵野線の開業は僥倖だったことは疑う余地がない。

とはいえ、である。開業から約1年が経って、沿線からは当然のように増発の要望があがる。しかし、数字は現実を示す。武蔵野線のお客は、開業前の予想を大幅に下回る水準に過ぎなかったのである。

開業初年度、1973（昭和48）年の武蔵野線のピーク時混雑率は、114％であった（新小平〜西国分寺間）。終日平均混雑率となると、わずか30％。ガラガラである。大半の駅で予想利用者数の3分の1から4分の1程度で、予想を上回ったのは三郷駅くらいであった。

つまり、ラッシュ時15分・日中40分間隔というダイヤがちょうどよい、というよりは余りあるくらいの利用状況だったのである。運転本数が少ないから不便でお客が少ない、という言い訳はよくローカル線で使われる決まり文句のようなものだが、開業当時の武蔵野線はダイヤほどにもお客が乗っていなかった。

開業時の武蔵野線のお客が少なかったということは、ひとえに沿線人口が少なかったからだ。

ポツポツと公団の団地ができているところはあったが、新設の駅前もほとんどは開発されていない空き地ばかり。沿線自治体は武蔵野線開業に備えて野放図な開発にならないよう、区画整理事業なども進めてはいた。しかし、開発はまったく手つかずといっていいほど進んでいなかった。

人が住んでいないし、まともに町もできていない。だからお客が少ないのもとうぜんで、ダイヤはその実情にマッチしていた。これはいったい、なぜなのか。

武蔵野線の建設決定から開業までは、ちょうど高度経済成長期にあたる。とりわけ武蔵野線開業直前の数年は、列島改造計画で知られる田中角栄内閣のご時世で、地価が高騰していた。簡単に駅周辺の土地を再開発できるような状況ではなかったのだろう。

そもそも、武蔵野線沿線は既成市街地から離れたところを通る。武蔵野線沿線都市の既成市街地は、すでに放射状の路線によって東京都心と強固に結ばれていた。そこに新路線が通るからといって、わざわざ新市街地を形成する意義に乏しかったという点も挙げられるだろう。

武蔵野線開業前後の時期には、東急田園都市線沿線で多摩田園都市計画が進んでいた

いっぽうで、駅設置のための用地買収・区画整理が駅周辺の地価上昇をもたらし、需要と開発コストのバランスが崩れていた。こうしたことから、武蔵野線沿線の開発が思うように進まなかったのだ。

また、武蔵野線開業時点で、東武伊勢崎線と東武東上線側には乗り換えターミナルはまだ設けられていなかった。旅客路線としての武蔵野線の特徴は、単独で目的地（都心）に向かう放射路線とはまったく性質を異にしている。

武蔵野線だけで完結することはなく、放射路線の間を連絡することが役割だ。ところが、その肝心の接続路線との乗り換え駅が、まだふたつも誕生していなかったのである。それでは、武蔵野線の強みを存分に発揮できない。

もしも、武蔵野線が東急や西武、東武などの私鉄路線であったなら。きっと、あたりまえのように取り組んできた沿線開発によって、開業と同時に新しい市街地が駅周辺に次々に生まれていただろう。ちなみに、武蔵野線の建設が進んだ昭和40年代は、東急電鉄による多摩田園都市計画が着々と実行されていた時期である。

しかし、武蔵野線は親方日の丸、国鉄の路線である。ハナから路線建設と一体となった沿線開発など望むべくもないし、だいいち国鉄にとっての武蔵野線は「貨物路線」だ。

ともあれ、こうした事情が絡み合い、開業直後の武蔵野線は、ありていにいえばパッとしない、〝武蔵野〟の田園地帯を走るしがないローカル線の立場に留まっていたのである。

鉄道合理化のモデル線

そんないささか寂しいデビューを果たした武蔵野線であったが、ある意味で〝それが故〟にできたこともあった。先進的な技術の導入もそのひとつだ。

武蔵野線には、1973（昭和48）年の開業時から12駅に自動改札機、10駅に自動精算機、4駅に定期券発行機が設置された。特に注目されるのは、自動改札機の導入だろう。

日本での自動改札機導入のパイオニアは、関西私鉄の雄・阪急電鉄であった。京阪神急行電鉄と名乗っていた1967（昭和42）年、千里線の北千里駅に自動改札機が採用された。当初は定期券専用だったが、徐々に拡大していって昭和40年代後半には関西の私鉄では広く導入が進んでいった。公営交通でも大阪市交通局の市営地下鉄は自動改札機に積極的で、1971（昭和46）年から導入をスタートして1984（昭和59）年までに全駅への設置を完了させている。

一方、関東地方では自動改札導入は遅々として進まなかった。１９７１（昭和46）年に東急電鉄が取り入れだしたのがパイオニア。しかし、他社への波及は遅く、せいぜい数駅に試験導入されるだけだった。

国鉄となればなおのこと。自動改札の導入はいわば合理化、近代化。駅員の減員につながりかねない合理化策は、労働組合との関係が微妙な国鉄において容易に進むはずもなかった。

そんな自動改札が、はじめて本格的に導入されたのが武蔵野線だったのだ。

武蔵野線で開業と同時に自動改札が設置されたのは、国鉄他路線との接続がある府中本町・西国分寺・南浦和・新松戸と北府中の5駅を除く12駅。裏面が磁気化された定期券やきっぷを改札機に挿入して通り抜けるおなじみのスタイルが、半世紀前の武蔵野線でも見られたのだ（といっても、いまは交通系ＩＣカードがあたりまえになっていて、きっぷを自動改札に挿入するという行為すらなじみがない人も多いのかも知れない）。

ただ、私鉄によって自動改札が普及しつつあった関西とは違い、武蔵野線のお客は自動改札に不慣れな人ばかり。磁気乗車券ではない〝裏が白いきっぷ〟を自動改札に突っ込んでしまったり、定期券をテレビの脇に置いたせいで磁気が無効化されていたり。根本的な問題として、改札機そのものの故障やきっぷ詰まりなども頻発したという。

この武蔵野線での自動改札機の〝失敗〟が、首都圏での自動改札本格導入が遅れた一因になったともいわれる。自動改札機が広く定着したのは、国鉄分割民営化以後のことである。

なぜ武蔵野線が自動改札機のいわば〝試験路線〟に選ばれたのか。

その理由は単純で、首都圏の路線でありながらもお客が少なく、トラブルが生じても影響が小さいから、である。裏を返せば、最初からたくさんのお客が殺到するような路線だったら、自動改札のパイオニアになることもなかった。高輪ゲートウェイ駅に先端技術が導入されたのと同様に、本格導入前の実用試験の場としてはちょうどよい存在だった。

この自動改札機に限らず、武蔵野線は国鉄が目論んでいた合理化のモデル線としての意味合いも持たされていた。新設の各駅には運転関係の職員を配置せず、貨物ターミナルや武蔵野操車場もコンピューター制御によるオートメーション化が図られていた。

国鉄労働組合（国労）や国鉄動力車労働組合（動労）は、この武蔵野線の合理化に対して「人減らし」と強く反発。自動改札は柏駅での試験導入で大失敗に終わった愚策となどとして、合理化の取りやめを求める順法闘争も行っている。

新小平駅に設置された自動改札機（朝日新聞社）

開業当時の武蔵野操車場付近。左下に見えるのはみさと団地。他は田園地帯だ（国土地理院）

確かに人減らしといえば人減らしであることに疑う余地はなく、武蔵野線を旗印にした合理化も国鉄時代には思うように進まなかった。詳しくは第四章で取り上げるが、東洋一の触れ込みで１９７４（昭和49）年に開業した武蔵野操車場もわずか10年足らずで閉鎖に追い込まれるなど、目立った成果をあげることはできていない。

結果的に自動改札の普及・定

着はJR以後まで待たねばならなかった。「合理化モデル線」としての武蔵野線の位置づけは、少ない輸送量が見込まれるがゆえの〝試験〟扱いだったのだが、うまくいったとは言い難い。このあたりもまた、開業からしばらくは田園地帯を走るばかりの〝ローカル線〟らしさといえるのかもしれない。

色とりどりの103系

1973(昭和48)年に府中本町〜新松戸間が開業してから3年後、1976(昭和51)年3月1日には武蔵野南線が開業する。

武蔵野南線は、鶴見〜新鶴見操車場(現・新鶴見信号場)〜府中本町間28・8km。鶴見〜新鶴見操車場間は東海道本線との重複区間で、新たに梶ヶ谷貨物ターミナルが設けられた。原則として旅客列車の走らない、貨物専用の区間である。

どうせ新線を建設するなら旅客営業もすればいいではないかと思うかもしれない。しかし、路線図を見ればわかるとおり、この武蔵野南線区間はほとんど南武線と並行している。鉄道空白地帯に通った府中本町〜新松戸間とはまったく性質が違うのだ。府中本町駅を出ると南武線と並行して多摩川を渡り、5382mの小杉トンネル、次いで1万359mの生田トンネルと続く、大半が長大トンネルという路線であり、旅客営業を前提としていなかったことがよくわかる。

1978(昭和53)年10月2日には、小金線の名で建設が進められてきた新松戸〜西船橋間14・3kmが開業した。途中には新八柱・市川大野・船橋法典の3駅が設けられ、終点の西船橋駅では総武本線と接続する。

京葉線との直通運転が前提の路線であり、西船橋駅で総武本線とのアプローチ線は設けられず、線路が途切れていた。そのため、京葉線への直通が実現するまでは新松戸〜西船橋間で貨物列車の運行はなく、純粋な旅客路線であった。これによって、現在まで通じる武蔵野線鶴見〜府中本町〜新松戸〜西船橋間の１００・６㎞がすべて完成したのである。

しかし、全線が完成しても旅客列車のダイヤは従前のまま。朝ラッシュ時には15分間隔、夕ラッシュ時は20分間隔、日中は40分間隔という、とうてい首都圏の通勤路線とは思えないダイヤが継続された。車両も１０１系のままで、それまでの11編成に6編成が追加されただけだった。

既存の常磐線線路を跨ぐ、新松戸駅付近での工事（日本国有鉄道百年写真史）

ようやく運転本数が増えたのは、１９８２（昭和57）11月のダイヤ改正。1日に44本から46本に増えた。さらに半年後の１９８３（昭和58）年3月には1日48本に増えている。ラッシュ時の混雑率もこの頃には２００％を超えており、終日の混雑率も80％台。沿線の宅地開発も徐々に進み、本格的な増発が求められる段階になっていた。
そして１９８５（昭和60）年、いよいよ武蔵野線の本格的な旅客路線への変貌がはじまる。
それまでは、運転本数を増やすといっても車両運用の都合をつけて、日中の40分間隔のスキマを狙った程度のものだった。ところが、１９８５（昭和60）年３月のダイヤ改正では日中のダイヤを20分間隔に改めた。翌１９８６（昭和61）年３月３日には、京葉線の西船橋〜千葉港（現・千葉みなと）間の開業にあわせてまたも増便。1時間に4本の運転になった。1日の運転本数は、開業当時の倍以上にまで増えていた。
この頃には、車両も１０１系から１０３系への置き換えが進んでいる。１９８０（昭和55）年に新製の１０３系が1編成増備されたのを皮切りに、１９８４（昭和

59）年には103系投入が本格化。変わって101系は引退が進み、1986（昭和61）年10月26日のさよなら運転をもって武蔵野線から姿を消した。

武蔵野線に投入された103系は、そのほとんどが他路線からの転属車両だ。中央線快速や中央・総武線各駅停車といった近接路線はもちろん、山手線や京浜東北線、常磐線各駅停車からの転属もあった。ちょうどこの時期には201系・203系などの投入が進んでおり、余剰車両が武蔵野線にお引っ越しをしてきたというわけだ。増発を進めており、列車増備が急務だった武蔵野線の存在は、山手線や京浜東北線側からみれば都合の良い車両の移転先、といってもいいかもしれない。

他路線からの転属車両ばかりだったこの頃の武蔵野線には、実に多彩な車両が走っていた。基本的にはすべて103系なのだが、何が違うって色が違う。中央線からはオレンジバーミリオン、総武線からはカナリヤイエロー、京浜東北線からはスカイブルー……といった具合だ。色とりどりの車両が走った当時の武蔵野線は、さながら〝103系色見本〟だったのだろう。

ちなみに、あまりに多彩だったためか、誤乗防止のために「武蔵野線」と書かれたステッカーを貼り付けている。新松戸駅のホームで武蔵野線を待っていたら、常磐線カラーのエメラルドグリーン車両がやってきたら、あれ、間違えたかと戸惑う。そういう人が多かったための対策だった。

そして、都心方面でも武蔵野線の開業による効果がもたらされつつあった。

1980（昭和55）年10月1日に、東海道本線と横須賀線の分離運転、いわゆる〝SM分離〟が完成する。品鶴線に横須賀線列車が乗り入れることでそれが実現した。つまりはそれまで貨物列車が走っていた品鶴線の〝旅客化〟であり、武蔵野線開業の目的のひとつが成就したというわけだ。

また、1985（昭和60）年には埼京線が開業し、田島信号場の位置に武蔵浦和駅が開業している。埼京線はその翌年に新宿まで延伸し、山手貨物線も旅客化していった。現在、山手貨物線には埼京線に加えて湘南新宿ラインも走る。いまや、埼京線ともども首都圏を代表する通勤路線となっている。それもこれも、貨物列車を都心部から郊外へと移すことを可能にした武蔵野線のおかげである。

……といっても、鉄道貨物輸送は武蔵野線が開業したころにはすでに斜陽化しつつあった。だから、結果を見ればムリをして武蔵野線を通さなくても、品鶴線や山手貨物線に旅客列車を走らせることはできたのかも、しれない。まあ、仮定の話をしてもあまり意味がないし、いくら比重が低下したとはいえ、貨物輸送の重要性は大きい。武蔵野線は、首都圏の鉄道ネットワークを充実させた、陰の立役者。そういう意味合いをもちながら、国鉄時代からJR時代へと移っていったのである。

横須賀線が品鶴線を走るようになったのは、武蔵野線開業以後のこと

「東京ゆき下り列車」誕生

1987（昭和62）4月、国鉄分割民営化によって武蔵野線は南線を含む全線がJR東日本に継承された。JR貨物は第二種鉄道事業者として、武蔵野線に貨物列車を走らせる形だ。

JR時代に入って、武蔵野線にとって最初の大きなできごとは、1988（昭和63）年の京葉線延伸開業だった。京葉線は1986（昭和61）年に西船橋〜千葉港（現・千葉みなと）間で営業を開始していた。それがさらに延伸し、新木場〜南船橋・市川塩浜〜西船橋間が開業したのである。それにより、

▲▲東京駅の地下ホームに停車する「むさしのドリーム号」
▲205系電車の投入は、武蔵野線も都市型路線になりつつあることを示した

西船橋駅で接続する武蔵野線との直通運転もスタートする。京葉線は新木場〜蘇我間の運転を基本とし、武蔵野線が京葉線西船橋〜南船橋間に乗り入れることで接続を図りつつ、新木場までの直通も実施する。これが、このときの基本的な運転パターンになった。

京葉線が１９９０（平成２）年に東京駅まで延伸すると、武蔵野線も東京駅まで直通するようになる。武蔵野線の旅客列車の起点は府中本町駅だから、「東京駅ゆきの下り列車」がここに登場した、というわけだ。このあたりは言葉遊びの域を出ないが、いずれにしても武蔵野線の存在感が東京駅乗り入れによって一層高まったことは間違いないだろう。

これによって、武蔵野線沿線の〝郊外田園地帯ベルト〟のひとたちは、東京駅はもとより東京ディズニーランドにも乗り換えなしで行くことができるようになったのだ。休日の直通快速列車は、「むさしのドリーム号」と名付けら

れた。いかにも新生・JRらしいネーミングである。

1989(平成元)年には、日中の運転間隔が12分に統一される。1973(昭和48)年の開業から16年が経ち、40分間隔から12分間隔へ。まるで同じ路線とは思えないほどの大進化を成し遂げた。

この頃には武蔵野線の混雑も話題に上るようになってきた。

埼京線との接続駅である武蔵浦和駅は、開業翌年度の1986(昭和61)年度は1日平均1万1269人の乗車人員がいた。それが5年後の1991(平成2)年には2万3950人にまで増加した。東武伊勢崎線と接続する南越谷駅は、同じ期間で2万9324人から4万9053人に。乗り換えのターミナルを中心に著しく利用者が増えている。

平均通過人員(輸送密度)を見ても、JR初年度の1987(昭和62)年度は4万7090人/日だったところ、1992(平成4)年には7万7899人/日へと急激に増加した。国鉄からJRに移り変わったこの時期は、サービスの改善やダイヤの充実などによって全国的に利用者の増加が目立っていた。でも、それにしたって武蔵野線は〝異常〟である。

東所沢駅周辺に190ヘクタールの住宅地が生まれて1万人以上が新たに住むようになるなど、沿線の開発が進んで人口が急増したことが、武蔵野線のめざましい飛躍に直結したのだ。

こうした状況を受けて、1991(平成3)年からはラッシュ時に限定した8両編成運転もはじまっている。同年12月のダイヤ改正に合わせ、205系8両編成5本を新製して実施したものだ。8両編成化は他線区から転用の103系によって拡大され、1996(平成8)年には武蔵野線全編成が8両編成に統一されている(同時に201系が引退)。

それでも、基本的には103系という旧型の車両が主力として活躍する路線であったことは変わらず、野暮ったい郊外路線というイメージはぬぐえなかった。90年代には主要路線からほとんど姿を消していた103系も、武蔵野線では世紀をまたいで運用が続けられ、２０５系への本格的な置き換えがはじまったのは２００２（平成14）年になってから。１０３系の武蔵野線からの引退は、２００５（平成17）年12月10日であった。

古タイヤ火災と新小平駅水没

開業からの武蔵野線の歩みを振り返ると、まさに順風満帆な発展を続けてきたようにみえる。

はじめは東京外縁の田園地帯に、40分に一度古ぼけた電車が走るだけ。それが、20年後にはラッシュアワーの混雑率が２００％を超えるようになり、首都圏でも指折りの混雑路線になった。ラッシュアワーが混雑していることは、お客にとってはネガティブ極まるお話である。ただ、裏を返せばそれだけ沿線が発展したということだ。〝古ぼけた車両〟は武蔵野線にはいつまでもつきまとうことになり、路線のイメージを負にしてしまう大きなテーマではある。が、首都圏の鉄道ネットワークにおいて、武蔵野線の存在感は年を追うごとに増すばかりであった。

とはいえ、まったく順調だったわけではない。武蔵野線にも、いくつかの大きな試練があった。

たとえば、騒音・振動問題である。

武蔵野線は、貨物列車を走らせることを前提に建設・開業した路線だ。だから、旅客列車が走らない夜間も貨物列車が走る。沿線のほとんどは田園地帯だったとはいえ、中には住宅地もある。郊外の住宅地は、静かな暮らしを求める人が多い。そうした人たちが、夜通し走る武蔵野線の貨物列車の騒音・振動に悩まされたのだ。

西浦和駅付近での古タイヤ火災。武蔵野線の高架にも影響を及ぼしていることがわかる（朝日新聞社）

とりわけ既成市街地の中を通っていた府中市などで騒音・振動に関する苦情が多かったという。防音壁を取り付けるなどの対策を施しはしたが、実はいまだに抜本的な解決には至っていない。近年、武蔵野線の騒音・振動が大きな問題として取り上げられないのは、開業から50年が経って、武蔵野線開業前から沿線に暮らしている人がだいぶ少なくなったからだろう。

浸水被害にあった新小平駅。写真は台風翌日。復旧まで2か月かかっている（朝日新聞社）

また、武蔵野線が長期間にわたって運休を強いられたことも、二度あった。

一度目は、開業から10年も経っていない１９８０（昭和55）年の夏。西浦和駅付近の高架下に保管（というよりは放置に近かったのだろう）されていた古タイヤ約40万本が燃え、武蔵野線の高架橋やレール、まくら木、信号ケーブル・架線などにも損傷が及んだのだ。

古タイヤ火災は8月17日の夜に発生。18日の昼になっても収まらない大規模火災だった。武蔵野線はとうぜん運転見合わせを強いられる。レールや架線くらいなら数日あれば復旧できただろう。だが、あいにく高架橋が長さ１２０ｍに渡って燃え、高架橋を支える柱や梁も損傷を受けた。長大で重い貨物列車も走る武蔵野線では、燃えた高架橋をそのまま使うことは難しい。

結局、約ひと月にわたって北朝霞〜西浦和間が運休する。復旧は9月になってからで、損傷を受けた橋脚に負荷がかからないよう支保工を組んでの暫定的な運転再開だった。この区間は東北本線と連絡する貨物支線が分かれる直前にあたり、貨物支線の線路が分かれて事実上複々線になっていた。それが不幸中の幸いで、下り線２本だけを使うことで暫定復旧ができたのだ。完全な復旧は半年後、１９８１（昭和56）年３月になってからである。

ちなみに、このトラブルを受けて国鉄は高架下の空き地を貸していた日本運輸倉庫を相手に損害賠償を請求、１億５０００万円の支払いで調停が成立している。

もうひとつの試練は、台風であった。

１９９１（平成３）年は台風の上陸・接近が多く、９月には台風19号が上陸。東北地方を中心に大きな被害を与えていた。続けて20号も関東地方に接近。こうしてダメージが蓄積された10月半ば、台風21号がまたも関東地方に接近し、大雨をもたらした。

すると、それまでの台風によって蓄えられた大量の地下水がついに耐えきれなくなり、新小平駅構内に地下水が噴出したのだ。線路だけならまだしも、吹き出した地下水はホーム面まで達してしまった。つまり、完全に駅が水没してしまった、というわけだ。

駅の前後をトンネルに挟まれた新小平駅は、地表を削ってコンクリートのＵ字溝を埋め込み、そこに線路を敷いてホームを設けた構造をしている。このＵ字溝の底から８ｍの地点に地下水が流れていたことは、建設前からの調査でわかっていた。浸水当時、地下水の水位は地表３ｍ下までに上昇していたという。

実際には、Ｕ字溝の擁壁が長さ１００ｍに渡って最大で１・３ｍも隆起し、つなぎ目から水が噴き出して新小平駅そのものを飲み込んでしまった。それどころか、駅構内に地下水が噴出したことで周辺には道路の陥没が発生、住民が避難をするなど被害の規模は駅構内にとどまらなかった。

Ｕ字溝の中にたっぷり溜まった地下水はポンプによって排水されたが、それでも大量の地下水流入に追いつかず、下水道への放流や深井戸の設置などで必死の対応。水位が低下したのは、１か月以上経ってからだった。

この間、水抜きのパイプが目詰まりを起こしたためか、近隣の住宅街（恋ヶ窪付近）でも出水が続いた。40世帯以上が浸水・冠水などの被害を受けたという。

もともと新小平駅周辺は地下水が多いことで知られていて、武蔵野線開業間もない１９７４（昭和49）年にも出水があった。そのため、トンネル内に水抜きのパイプを設けて下水道に流す対策を取っていた。それでも対応できないほどの大雨が降って、地下水が溢れかえってしまった、というわけだ。

このトラブルで、武蔵野線は西国分寺～新秋津間で運休し、バス代行を実施した。貨物列車は〝元の鞘〟の山手貨物線などを迂回走行している。当初は半年ほどかかるとされた復旧工事は12月までには完了し、12月12日から運転を再開した。なお、８両編成での運転がはじまったのは、復旧直前の12月１日からである。

待望の大宮乗り入れ実現

武蔵野線には、いくつかの支線がある。いずれも他路線との連絡という、武蔵野線建設当初からの大義を果たすためのものだ。代表的なものが、東北本線と連絡する大宮支線・西浦和支線だろう。西浦和・武蔵浦和双方から東北本線に乗り入れることができる。つまり、〝デルタ〟だ。

このデルタ線、開業から長らく貨物列車しか走っていなかった。１９８３（昭和58）年には、大宮を起点に暫定開業していた東北・上越新幹線との接続のため、府中本町～大宮間の臨時列車を運

浦和付近のデルタ線工事のようす（日本国有鉄道百年写真史）

転したことがある。ただ、これは１９８５（昭和60）年に新幹線が上野まで延伸したことで必要性がなくなり、デルタ線を走る旅客列車はいったん消滅する。

　国鉄時代にはこのようにごく短期間の臨時列車が走っただけのデルタ線だったが、ＪＲ時代に移ると本格的な旅客列車の乗り入れがスタートする。

　１９９０（平成２）年には、小山～鎌倉間を武蔵野線経由で結ぶ「ホリデー快速鎌倉」が運行を開始する。さらに１９９５（平成７）年には高崎～鎌倉間の「ホリデー快速鎌倉路」が登場。いずれも臨時列車ではあるものの、武蔵野線の他路線へのアプローチを存分に活かした列車が運転されるようになってゆく。

　鎌倉に行くのに武蔵野線経由とはずいぶん遠回りなきらいもあるが、増発が難しいほど輸送量が増えていた都心を避けて、新たな臨時列車の設定ができる。これもまた、武蔵野線の大きな存在意義といっていい。ちなみに、「ホリデー快速鎌倉」は２０２２（令和４）年に特急「鎌倉」に引き継がれ、Ｅ２５７系が充当。いまも土休日を中心に武蔵野線を駆けている。

　そして、１９９７（平成９）年には「こまちリレー」の運転が始まる。

▲▲「ホリデー快速鎌倉」。JR時代になったからこそ運転された列車だ
▲「しもうさ号」は武蔵野線東側から大宮駅に直通

中央線の八王子駅を起点に、国立支線を介して武蔵野線に入り、大宮支線経由で大宮駅に乗り入れる列車で、名前はその年にデビューした秋田新幹線「こまち」との接続を目的としていたからだ。翌１９９８（平成10）年には「新幹線リレー」に改称し、さらに２００１（平成13）年には「快速むさしの号」にリニューアル。いずれも臨時列車ではありながら、毎日運転される事実上の定期列車であった。

この新幹線接続に端を発した武蔵野線の大宮乗り入れは、２０１０（平成12）年3月のダイヤ改正でいよいよ定期列車として定着する。八王子・府中本町～大宮間を走る「むさしの号」がそれだ。同時期には大宮～西船橋・新習志野・海浜幕張間を直通する「しもうさ号」も運行を開始した。

常磐線から武蔵野線を介して大宮駅に乗り入れていた「ホリデー快速おおみや」

２０２３（令和５）年現在も、「むさしの号」「しもうさ号」は健在だ。「むさしの号」は平日には下り4本・上り3本、土休日には下り5本・上り3本が運転される。下り列車は朝、上り列車は夕方以降の運転が基本であり、新幹線接続とともに通勤通学輸送を担う、武蔵野線の看板列車になった。

この大宮乗り入れは、もとをたどれば武蔵野線建設への反対の見返りとして、国鉄が沿線住民に約束したものだった。武蔵野線の〝法的根拠〟になった改正鉄道敷設法別表では、我孫子～大宮間が予定線として挙げられており、熱心に誘致運動をしたのにもかかわらず武蔵野線の経由地になれなかった大宮への配慮もあっただろうか。

ただ、実際には開業時点では大宮駅乗り入れは実現していない。新幹線の工事だとか保安装置の問題だとかあれこれ理由をつけていたようだが、国鉄サイドはそもそもそんな需要などないと思っていたに違いない。ラッシュ時15分間隔、日中40分間隔でもガラガラだったのだから、とうぜんである。

それから40年近くが経って、ようやく〝約束〟が果たされた。大宮にとって、悲願の武蔵野線乗り入れ……といいたいところだが、実際は逆だ。「むさしの号」「しもうさ号」が定期列車として運行を開始した2010（平成12）年、すでに武蔵野線沿線は大いに発展し、通勤路線としての地位を確かなものにしていた。だから、「むさしの号」「しもうさ号」は武蔵野線沿線の人たちにとって、すこぶるありがたい列車になった。

実は、ぼくも「むさしの号」の愛用者である。東京の西部、多摩地域から東北新幹線に乗ろうとすると、東京駅か上野駅に出るのが常道と思われるかもしれない。ただ、東京駅は人が多くて乗り換えが面倒だし、中央線沿線でなければ新宿や池袋といった大ターミナルでの乗り換えを強いられる。

その点、「むさしの号」ならばほとんど都心の混雑を経験することなく、新幹線駅の大宮に直接乗り入れることができるのだ。ぼくに限らず周囲に話を聞いてみても、武蔵野線沿線やその近隣に住んでいる人は、みな口を揃えて「むさしの号」の便利さを熱弁してくれる。「しもうさ号」は使ったことがないが、きっと同じではないかと思う。

「むさしの号」と「しもうさ号」は、いずれも朝夕のラッシュ時対応の列車だ。が、これが日中を含め、もうちょっと増やしてくれないかと思うのは、武蔵野線ユーザーのわがままだろうか（「むさしの号」「しもうさ号」の増発は武蔵野線一部区間の運転本数減少に繋がる、ということはわかっております）。

開業から半世紀後の武蔵野線

「むさしの号」「しもうさ号」の登場など、武蔵野線のダイヤがますます充実してきた背景には、開業時とまったく様変わりした沿線風景がある。

開業当時、沿線には市街地という市街地がなかった。既成市街地は起点の府中本町駅から西国分寺駅、新小平駅にかけて、また南浦和駅周辺くらいなもの。ほかは、北朝霞や南越谷のような他路線との接続駅を含めて、まったくの田園地帯だった。三郷など、ところどころに大規模な公団住宅ができていたが、それがせいいっぱいだった。

それが、開業から数十年経ってまったく姿を変えた。武蔵野線は放射状の郊外路線との接続にキモがある。その接続ターミナルを中心に、放射路線沿線の既成市街地が拡大する形で武蔵野線沿線の市街化が進展していった。

新駅の設置も進む。

武蔵野線で最初の新駅は、１９８５（昭和60）年3月に開業した新三郷駅だ。前年に機能を停止していた武蔵野操車場と同じ場所に設けられた。次いで同年9月には武蔵浦和駅が開業する。

それからしばらく時を開けて、１９９６（平成８）年には北総鉄道との交差地点に東松戸駅が開業する。当時は千葉ニュータウン方面との連絡に過ぎなかったが、２０１０（平成22）年に京成成田スカイアクセス線が開業すると、成田空港へのアクセスを担う駅になっている。武蔵野線の機能充実にとっては、大きなできごとだったといっていい。

次いで２００８（平成20）年には越谷レイクタウン駅、２０１２（平成24）年には吉川美南駅が開業している。いずれも大型商業施設の隣接する、いわばそれへのアクセスを目的とした新駅だ。

中でも吉川美南・新三郷の二駅は、その目の前にかつてあった武蔵野操車場の跡地再開発に

操車場から商業施設へ。新三郷駅は武蔵野線沿線の変貌を象徴する

編成数は少ないものの、現在はE231系とともに209系も活躍している

よって生まれた大商業エリア。ららぽーと・イオンタウン・ＩＫＥＡ・ＣＯＳＴＣＯといった平成から令和にかけて耳目を集める商業施設がずらりと並ぶ。

ここにいたって、武蔵野線はただ単に通勤・通学のために乗るだけの路線ではなく、買物やレジャーなどを目的とした利用者も多く抱えるようになったのである。

武蔵野線の平均通過人員（輸送密度）は、１９８７（昭和62）年度の4万７０９０人から、２０１９（平成31）年度には11万４００６人／日にまで増えている。倍以上もお客が増えたのだ。

２０２１（令和３）年度もコロナ禍の影響があるとはいえ、９万３２２２人／日。ＪＲ東日本の在来線では、山手線・埼京線・横浜線・総武本線・根岸線・京葉線・南武線・中央本線に次ぐ第10位。押しも押されもせぬ、「首都圏を代表する通勤通学路線」といっていい。

お客の増加に合わせて運転本数も増やしている。といっても、すでに１９８９（平成元）年には日中も12分間隔に統一、他の通勤通学路線と遜色のないレベルにまで増えていた。だから、そこからの増発はそれほど大きなものではない。

２００２（平成14）年には土休日に日中が12分間隔から10分間隔になっている。平日の日中が10分間隔になったのは２０１３（平成25）年のことだ。平日より土休日が先に増発されたのは、買物やレジャーなどでの利用がそれだけ増えていたことの証だろう。

2005（平成17）年に103系が引退してから、武蔵野線の主力は205系が担ってきた。つまり、武蔵野線の〝古い車両のお下がり〟というポジションはそのままだ。ただ、そうした中でも2017（平成29）年にはE231系が投入されて、2020（令和2）年までに205系からの置き換えが完了している。

このE231系も、武蔵野線のための新製車両ではない。E235系を山手線に投入、余剰となったE231系が中央・総武線各駅停車に移り、そこでまた余剰となったE231系の0番台・900番台である。

だから、お下がりポジションは変わっていない。それでも、見た目ばかりは他の首都圏の通勤路線と足並みを揃えた、というわけだ。E231系は車体幅が拡幅されていて、205系と比べれば定員も乗り心地も良くなっている（車両が新しいのだからあたりまえですが）。

2023（令和5）年時点での武蔵野線は、ラッシュ時に6～8分間隔、日中は10分間隔のダイヤが組まれている。中央線快速や山手線などと比べればだいぶ劣るが、ピーク時の混雑率はコロナ禍前の水準で170％前後（東浦和～南浦和間）。お客の数からすれば充分なダイヤが組まれているといっていい。ラッシュ時に途中の駅から乗り込んでいきなり座れることはそうそうないが、北朝霞・武蔵浦和・南浦和・南越谷といった乗り換えターミナルでお客の大半は入れ替わる。だから、それほどストレスを感じない混雑具合、といっていいだろう。

2023（令和5）年で開業から50年を迎えた武蔵野線。沿線風景を大きく変えた武蔵野線は、単に〝貨物輸送のバイパス〟などではなくなった。また、〝古びた車両が走るローカル線〟などと揶揄されることももはやない（たぶん）。

都心から放射状に発展してきた郊外の衛星都市を相互につなぐという役割を存分に発揮して、放射路線の沿線の一層の開発も促した。郊外における人の流れは、武蔵野線によって大きく変わったのである。それは、ひいては首都圏の人の流れの大変化といっていい。鉄道路線としては比較的歴史の浅い武蔵野線は、たったの50年の間に首都圏を変えた。いまや、武蔵野線は東京の〝縁〟からその内側へと入りつつあるのである。

第4章
貨物のための武蔵野線

武蔵野線の〝象徴〟武蔵野南線

武蔵野線は、府中本町～西船橋間を結ぶ路線である。

……というのは、ある意味で正しくて、ある意味で間違っている。

武蔵野線の正確な区間は、鶴見～府中本町～西船橋間１００・６㎞だ。全線がＪＲ東日本の路線である。府中本町～西船橋間は旅客営業を行う、つまりは旅客路線としての武蔵野線だ。対して、鶴見～府中本町間の28・8㎞には基本的に定期の旅客列車は走らない。２０２３（令和５）年時点では特急「鎌倉」が乗り入れている。ただ、これは土休日中心に運転されるだけの臨時列車で、鶴見～府中本町間には定期の旅客列車（つまり〝電車〟だ）が走ることはない。

この電車の走らない武蔵野線鶴見～府中本町間は、府中本町～西船橋間と区別して、「武蔵野南線」と呼ばれる。正式な路線名としては鶴見～西船橋間で武蔵野線というが、鶴見～府中本町間は明らかに異質なので、そう呼んで区別しているのだ。

では、この武蔵野南線はいったいどんな路線なのか。

鶴見駅は、東海道本線の駅のひとつだ。横浜市鶴見区、立派な駅ビルも持つターミナルで、東海道本線・京浜東北線・鶴見線の電車に加え、東海道貨物線や品鶴線が合流する、いわば鉄道ネットワークの要衝という性質を持つ。

武蔵野南線はこの鶴見駅から北西、品鶴線（つまり横須賀線・湘南新宿ライン）に沿って（細かいことをいえば、品鶴線との重複区間にあたる）走り、新鶴見信号場に向かう。新川崎駅を横目に武蔵野南線はひとり地下に潜り、ここからは長い長いトンネルの旅のはじまりだ。地下に潜る地点は、ちょうど品鶴線と並行している東海道新幹線が西に分かれるあたりである。

鶴見駅は東海道本線・京浜東北線・鶴見線が乗り入れるターミナル。武蔵野線の起点でもあるが、旅客列車は通らない

トンネルの旅なので、仮に特急「鎌倉」に乗ったとしても、車窓に見える風景は真っ暗闇だ。が、あえてここは地上の風景を思い浮かべながら武蔵野南線の旅を続けてみよう。

品鶴線が武蔵小杉駅を通り過ぎる付近で、地下の武蔵野南線は西にカーブしている。工場群を再開発して高層マンション群に生まれ変わったちょうどその地下を、実はひっそりと武蔵野南線が駆けているのだ。その後はしばらく南武線と並走しつつ西に向かって直進。武蔵中原駅の南側に広がる住宅地の地下を走る。

ほどなく多摩川沿いの低地から武蔵野台地東端の丘陵地帯に入ると、矢上川が作りだした河谷をついて地上に顔を出す。そこにあるのが、梶ヶ谷貨物ターミナルだ。梶ヶ谷貨物ターミナルの直下にはリニア中央新幹線のトンネルも通る予定で、2023（令和5）年時点では工事の真っ最中。新鶴見信号場〜梶ヶ谷貨物ターミナル間のトンネルは小杉トンネルといい、長さは5382mに及ぶ。

梶ヶ谷貨物ターミナルを出て、国道246号の下をくぐるとまたすぐに地下に潜る。ここからのトンネルは生田トンネルといい、1万359mという長大トンネルだ。府中本町～西船橋間を含め、もちろん武蔵野線でいちばん長いトンネルである。

東急田園都市線宮崎台～宮前平間を抜け、東名高速道路と交差。生田緑地と呼ばれるひときわ小高い丘陵地帯の地下も、武蔵野南線が走っている。このあたり、地下の線路は東北東に向かってゆったりとカーブを描きながら、多摩川南岸の丘陵をトンネルで抜けている、と表現するのがわかりやすいだろうか。

生田緑地を抜け、小田急小田原線生田駅のすぐ西側を通過する。地上に広がっているのは、川崎市麻生区のニュータウン。日本女子大学のキャンパスや日本テレビ生田スタジオ、よみうりランドなども、武蔵野南線の地上にある施設のひとつだ。

1万mを超える長い長い生田トンネルの旅は、京王相模原線の稲城駅手前でいったん終わる。妙見寺というお寺の脇で地上に顔を出すと、そのまま京王相模原線をオーバーパス。地上において他路線と武蔵野南線が交差するのは、この京王相模原線稲城駅付近が唯一である。

京王相模原線と交差してしばらくすると、短いトンネル（第一稲城トンネル）を経て、すぐにまた長いトンネルに入る。第二稲城トンネルといい、地上にはTama Hills Golf Course、つまりは在日米軍の福利厚生施設であるゴルフ場（なので、パスポートがないとプレイできない日本国内にあるゴルフ場、というわけだ）をかすめ、多摩川の南岸で地上へ。

そしてここからは、南武線と並んで多摩川を渡って府中本町もいよいよ間近となる。ちなみに、武蔵野南線の橋梁は南武線より一段高いところを走っていて、天気が良ければ遠く富士山も見える絶景スポットだ。ただ、残念ながら武蔵野南線の旅客列車は件の特急「鎌倉」くらい。武蔵野南線の橋梁がジャマをして、南武線から富士山をくっきりと望むのは難しい。

西武多摩川線の是政駅や府中郷土の森公園を横目に府中市内へ。サントリーのビール工場が左に、右手には東京競馬場。このあたりはユーミンの『中央フリーウェイ』さながらだ。ユーミンの歌う中央自動車道とは、ビール工場・東京競馬場の脇で交差する。武蔵野南線が中央自動車道をくぐる、アンダーパスだ。

そしてそのまま府中本町駅へ。

府中本町駅は、中央に武蔵野線の電車ホームがあって、それを挟み込むように南武線のホームが置かれている。武蔵野南線は、武蔵野線電車と南武線の間に入り込み、ホームのすぐ北側で電車の走る武蔵野線と合流。そのままあとは、誰もが知っている武蔵野線とまったく同じ旅を続けることになる。

なお、府中本町駅では南武線と武蔵野線の間にも渡り線が設けられていて、実際に貨物輸送で用いられている。なので、武蔵野線ユーザーからは「南武線に直通する電車があってもいいじゃない」という意見もちらほら。ただ、そうなると南武線府中本町～立川間の運転本数が減ってしまうし、そもそも武蔵野線の線路と南武線の線路が繋がっているのは駅の南側。「南武線直通電車は府中本町駅を通過します」なんてことになってしまう。そんなこんなもあって、まったく現実的ではないようだ。

武蔵野南線の多摩川橋梁を渡る特急「鎌倉」。奥には富士山も見える

武蔵野線開業前の貨物事情

ともあれ、この鶴見〜府中本町間の武蔵野南線は、ほとんど地下を走っている。まったく車窓を楽しめない。が、まあほとんど旅客列車は皆無に近いのだから、それでもまったく問題ないだろう。

そして問題なのは、この武蔵野南線、どんな役割を持っているのか、である。

答えは明白で、武蔵野南線は半ば貨物列車線用の、すなわち「貨物線」だ。

旅客列車はたまに走る特急「鎌倉」だけとはいえ、武蔵野南線は休んでいるわけではない。むしろ、昼夜を問わず貨物列車が走り続けている。

すべて数えたわけではないのではっきりとしたことはいえないが、首都圏でこれだけの頻度で貨物列車が走る路線はほかにそうそうないのではないか。武蔵野南線は、それくらい貨物輸送において圧倒的な存在感を示す路線なのである。

そして、ここで武蔵野線建設の経緯に立ち返る必要がある。

「玉葉線」を熱望した埼玉県の事情はさておいて、国鉄当局が武蔵野線の建設を決め、実際に日本鉄道建設公団によってそれが実現したのは、貨物輸送のためであった。武蔵野線は貨物線として構想され、開業した。だから、極端な言い方をすれば、ほとんど旅客列車の走らない武蔵野南線こそが、武蔵野線の本質といっていい。

武蔵野線＝貨物線。それが武蔵野線の本質そのものだ。いくらお客を詰め込んだ電車が盛んに走るようになったとしても、その本質はいまもまったく揺らいでいない。貨物を語らずして武蔵野線を語ることなかれ、というわけである。

なので、ここでちょっと時計の針を巻き戻して、武蔵野線が計画されていた時期の鉄道貨物輸送事情をかんたんに振り返ってみたい。

鉄道建設審議会で武蔵野線の建設が決定した１９５７（昭和32）年。この当時の鉄道貨物輸送は、いまと比べものにならないくらい活況を呈していた。

たとえば、１９６０（昭和35）年度に鉄道が運んでいた貨物は、約2億２９８６万トン。唐突にトン数で言われてもピンとこないだろうが、比べてみればわかる。２０２０（令和２）年度は４２６６万トンだ。つまり、いまと比べて5倍以上運んでいたというわけだ。

なお、同じ１９６０（昭和35）年度の自動車（トラック）による輸送量は10億トンを超えている。トン数ベースの輸送分担率でいうと、鉄道は26・９％で自動車が63・１％。いまは鉄道が０・９％程度になって、自動車は90％超えだから、いまよりはだいぶマシ。それでも昭和30年代の時点で逆転されている。もう鉄道貨物は斜陽になっていた？

と、いいたいところだが、数字はもう少し詳しく見なければならない。

鉄道とトラックを比較した場合、トラックは主に短距離、鉄道は長距離に強みがある。特に高速道路の整備がまだ進んでいなかった昭和30年代においては、鉄道（や船）が長距離を、トラックが短距離を担うという役割分担が明確だった。

それを如実に示しているのが、「輸送トンキロ」だ。１トンの貨物を１㎞運ぶと1トンキロになるという数字で、つまりどれだけの貨物をどれだけの距離運んだかがわかる数字だ。このトンキロベースでの分担率を見ると、１９６０（昭和35）年度で鉄道は39・０％。１９５５（昭和30）年度までは鉄道が50％を超えていたからそれよりは減っているが、自動車の15％を大きく上回っている。

つまり、長い距離を走ってたくさんの貨物を運ぶという役割において、昭和30年代はまだまだ鉄道貨物が主役を張っていた時代、ということができる。武蔵野線の建設は、そうした時代に決まったのである。

もうひとつ、この時代の貨物輸送の特徴として、ヤード輸送方式が挙げられる。

ヤード輸送方式をごく簡単に説明すると、全国各地の駅から出発した貨物列車をいったん操車場（ヤード）に集めて改めて方向別に組み替えて、改めて目的の駅へと出発するという方式だ。もうすこし具体的にいえば、A駅・B駅・C駅それぞれを出発した貨物列車がいったんすべて操車場Xに集まり、行き先別に整理して入れ替えて、またA駅・B駅・C駅に向かう、というスタイルである。A駅からB駅に向かう貨物も直行することはなく、わざわざ操車場を経由することに、この方式の大きな特徴がある。

この方式では、貨物列車が集散する大規模な操車場が欠かせない。首都圏にも鶴見や大宮などに操車場が置かれていた。各地からやってきた貨物列車は、都心にあるそれらの操車場を経て再び都心の線路を走って各地へ向かっていたのである。

東京都心における鉄道貨物輸送の拠点だった汐留駅（日本国有鉄道百年写真史）

本格的なコンテナ輸送がはじまったのは１９５９（昭和34）年の汐留〜梅田間「たから号」からだから、武蔵野線の建設が決まった１９５７（昭和32）年時点では、まだコンテナ輸送なきご時世。拠点間直行の貨物列車もごく少数に限られていた。貨物路線としての武蔵野線は、ヤード輸送方式を前提としていたというわけだ。

物流の要をまだまだ鉄道が担い、ヤード輸送方式の全盛期。そうした時代に、武蔵野線の建設が決まった。戦後の経済成長の過程で貨物輸送の需要が急速に拡大したことを受けた、「貨物新線」がその目的であった。

当時の貨物輸送の需要増加は、京葉工業地域の発展が背景のひとつだ。明治期から開発が進んでいた京浜工業地帯に加え、戦後になってから京葉工業地域が発展し、それに伴って製品や原材料の貨物輸送需要が拡大したのだ。京葉工業地域の工業製品の多くは、東北方面に出荷されることが多かったという。いったん都心の操車場を経て各地へと運ぶ。貨物輸送需要の急増は、都心の貨物列車の逼迫を招いていた。

いまでは一般的なコンテナ輸送は「たから号」にはじまった（日本国有鉄道百年写真史）

旅客輸送の逼迫が貨物に影響

また、同時期には旅客輸送も逼迫の一途をたどっていた。正確な数字は不明だが、首都圏の通勤電車の混雑率は、昭和30年代には300％を超えるありさまだったという。いまでも武蔵野線を含む通勤電車の混雑は、なにかとやり玉に挙げられる。ただ、それでも混雑率が200％を上回るようなことはほぼなくなった。つまり、いまとくらべて倍近い混雑に耐えて、昭和30年代の人々は会社に通っていたのである。

これは単純に戦後の経済成長によって首都圏の人口が爆発的に増加したことが大きい。そしてもうひとつ、貧弱な輸送力も課題であった。

いまでは東海道本線と横須賀線は別の線路を走っているが、当時は分岐点の大船駅までは線路を共有していた。東北本線は赤羽～大宮間で宇都宮方面・高崎方面の列車と京浜東北線の電車が同じ線路を走っていた。常磐線や総武本線、中央本線も同様で、それら通勤路線の増強には一刻の猶予もない状況だった。

もちろん、それまでもまったく手をこまねいていたわけではない。１０１系や１１３系などの新性能電車の投入や列車本数の増加などによって、ある程度の輸送力改善に取り組んではいた。長い目でみれば、戦前に取り組んでいた品鶴線や山手貨物線の建設も、旅客・貨物ともに増加する需要を両立させるための策だった。

ただ、戦後のあまりの人口急増ぶりは、そうした対策ではまるで焼け石に水。抜本的な輸送力増強が求められていた。

線増による輸送力増強は古くから続けられてきた。写真は東北貨物線赤羽〜大宮間の工事（日本国有鉄道百年写真史）

つまり、武蔵野線建設の話が進んでいた昭和30年代から40年代にかけては、貨物・旅客ともに右肩が上がりの時代であって、いずれも逼迫した輸送状況の改善が待ったなしの状況になっていた。

そこで武蔵野線である。

武蔵野線が「貨物線」として開業すれば、都心を走っていた貨物列車を郊外に〝逃がす〟ことができ、その浮いた分で旅客列車を走らせることができる。貨物輸送の需要増加にも対応でき、旅客列車の輸送力改善にも資する、まさに一石二鳥。武蔵野線は、そういう期待を持って建設されたのだ。１９６５（昭和40）年には、国鉄の第三期長期計画によって「通勤五方面作戦」と呼ばれる輸送力改善が実施されている。武蔵野線の建設が進んでいるのとほぼ同じ時期であり、同一の文脈で捉えることもできるだろう。

武蔵野線が開業した１９７３（昭和48）年から1年後の１９７４（昭和49）年に、かぐや姫の『赤ちょうちん』というフォークソングが発売された。『神田川』に次ぐ四畳半三部作の二作目のこの曲は、冒頭で「あのころふたりのアパートは　裸電球　まぶしくて　貨物列車が　通ると揺れた」と歌う。

西浦和駅のホーム端からは大宮支線の分岐が見え、撮り鉄スポットになっている

いまの感覚では、どんなボロアパートに住んでいても、都心ならば貨物列車が通って揺れるなどということはなかろう。都心を通る貨物列車など、いまはほとんど走っていない。

しかし、『赤ちょうちん』の時代には、まだまだ都心の貨物列車は健在だった。『神田川』に出てくる〝小さな下宿〟は早稲田の神田川沿いにあったという。その続編の『赤ちょうちん』だから、ふたりのアパートを揺らした貨物列車は山手貨物線のことだろうか。武蔵野線が建設から開業に向かっていた昭和30年代から40年代は、まさにそういう時代だったのである。

主要路線と武蔵野線をつなぐ支線たち

このように、少なくとも国鉄にとっての武蔵野線は、あくまでも「貨物輸送」のための路線であった。だから、１９７３（昭和48）年

4月1日の開業当初から、武蔵野線は徹底的に貨物を優先した輸送体制が組まれている。

旅客列車の運転本数がローカル線さながらの少なさだったということは第3章で触れたが、貨物優先どころか実態としては「貨物線に旅客列車をサービスとして走らせる」程度のものだったのだからやむを得ないお話だったのである。

いっとき、国鉄当局は武蔵野線を貨物専用にして旅客列車を一切乗り入れさせない路線として建設しようという動きもあったという。ただ、それでは沿線の人々や自治体が用地買収への協力を拒むであろうし、騒音・振動問題などを盾にして熾烈な建設反対運動が繰り広げられることも予想される。武蔵野線に旅客列車が走ったのは、そうした事態を招かないための方策のひとつだったのかもしれない。

いずれにしても、武蔵野線はあくまでも貨物路線である――というところから、すべてがはじまっているといっていい。

そのため、武蔵野線には交差する他の路線と連絡するアプローチ線が数多く設けられた。

ひとつは、中央本線との間を結ぶ〝国立支線〟だ。いまでは「むさしの号」が走っており、旅客輸送においても重要な位置づけであるが、もちろんもとはといえば中央本線との貨物列車のアプローチだ。

中央本線国立駅東側で地下に潜り、武蔵野線西国分寺～新小平間の小平トンネル内で合流する。全線で地下を走っており、地上から見ることができないために印象は小さいが、前述の通り「むさしの号」はこの国立支線あってこそ。貨物列車の運転は他の支線と比べると少ないが、南松本発着のコンテナや石油の輸送などが行われている。

東北本線（東北貨物線）と連絡するアプローチ線は、貨物路線としての武蔵野線を支えているといっていい重要な支線だ。西浦和駅方面から東北本線方面に分岐する大宮支線と、武蔵浦和方面から分岐する西浦和支線があり、両者は別所信号場で合流。そのまま東北本線の与野駅方面（つまり大宮方面）に向かう。どちらも高架線であり、航空写真を見ると三角形を描いている〝デルタ線〟だ。東北本線と常磐・中央・東海道など他路線を接続する、重要なアプローチ線である。なお、武蔵浦和駅開業以前は、田島信号場からの分岐であった。

旅客列車では大宮支線に「むさしの号」、西浦和支線に「しもうさ号」が走っており、開業前から悲願とされた武蔵野線大宮乗り入れを実現した路線でもある。貨物列車の運転ももちろん多く、東北本線方面と東海道本線方面を結ぶ貨物列車の一部もここを通る。札幌貨物ターミナル～広島貨物ターミナル間の臨時列車もこのアプローチ線を通っており、武蔵野線を通る最長距離列車だ（ちなみに、札幌貨物ターミナル～福岡貨物ターミナル間を結ぶ日本最長距離列車は、関東地方を通らず日本海縦貫線経由なので武蔵野線は走らない）。

西武池袋線へのアプローチ線である秋津支線。現在は甲種輸送専用である

常磐線と武蔵野線の連絡は、新松戸駅付近で行われている。南流山方面から常磐線下り線路に入る北小金支線と、常磐線の上り方面から南流山駅付近で武蔵野線上り方面に合流する馬橋支線から構成されていて、こちらもいわば〝デルタ線〟。ただ、浦和付近と比べるといささか歪な形をしているし、ちょうどデルタ部分の真ん中をローカル線の流鉄が縦断していることもあって、デルタらしさには乏しい。

それでも武蔵野線を介して常磐線～東北本線方面の貨物輸送などに使われており、重要性は高い。なお、「むさしの号」「しもうさ号」のような定期旅客列車は走っていない。ただし、快速「ぶらり川越号」は、日立などの臨時列車が乗り入れたことはある。「ぶらり川越号」は、日立駅を出発して常磐線を駆け、北小金支線を経由して武蔵野線、次いで西浦和支線を通って東北本線に入り、大宮駅からは川越線に乗り入れて川越駅で終点となるロングラン列車であった。

武蔵野線の支線は、この国立支線・大宮支線・西浦和支線・北小金支線・馬橋支線の5路線だ。終点の西船橋駅からはそのまま半ば延伸する形で京葉線と接続しており、京葉線二俣支線を介して南船橋・蘇我方面へ、高谷支線を介して市川塩浜・新木場方面に通じている。このうち、現在貨物列車が走っているのは二俣支線だけである。

また、これら営業キロが設定されている支線に加えて、新秋津駅と西武池袋線所沢駅の間を短絡する秋津支線も存在している。新秋津駅構内から分岐して秋津神社の地下を抜けて西武池袋線に合流する支線だ。かつては西武鉄道も石灰石輸送を中心に貨物輸送を行っていた。秋津支線は西武線の貨物の授受を行う支線として設けられたというわけだ。ただ、現在では西武鉄道の貨物輸送は全廃されており、秋津支線は西武鉄道の車両輸送のみに使われている。

武蔵野線は、こうした他路線とのアプローチ線によって、貨物路線としての役割を発揮することができている。このほかにも、複数の旅客駅に貨物列車のための待避線がある。これもまた、貨物輸送と旅客輸送を両立させるためのポイントのひとつだ。そして、こうした支線などの施設は、いずれも武蔵野線開業時点からのもので、武蔵野線がいかに貨物路線として重要視されていたのかがうかがえる。

武蔵野操車場に見た夢

武蔵野線は、こういったアプローチ線や梶ヶ谷・新座・越谷の貨物ターミナルなどとともにスタートを切った。このあたりからも、いかに徹底して貨物輸送を優先した設計思想で生まれた路線なのかがわかる。

そして、そんな〝貨物路線〟武蔵野線のシンボルともいえるのが、開業から約1年半後の1974(昭和49)年10月1日に開設された武蔵野操車場である。

武蔵野操車場は、いまでいう吉川美南駅から新三郷駅にかけて、つまりイオンタウン吉川美南やららぽーと新三郷などがある辺りに設けられた。全長5・2㎞、幅は最大地点で約350m、敷地面積は100万㎡を超える、広大な操車場であった。

武蔵野線の計画が進行していた昭和30年代から40年代は、ヤード輸送方式が全盛だったということは先にも述べた。操車場で方向別に貨車を組み替える作業によって、小規模の貨物駅を含めたキメの細かい貨物輸送を実現していたのだ。首都圏では、大宮・新小岩・田端・新鶴見に大規模操車場が置かれ、それぞれ東北本線・常磐線・東海道本線などの貨物輸送拠点となっていた。そのほかにも、地区ごとの操配機能を持つ中規模以下の操車場があり、これらが複合的に役割を果たすことで、貨物輸送ネットワークを構築していたのだ。

武蔵野線、ひいては武蔵野操車場は、こうした首都圏の操車場の機能を集約化することを目的に開設されたものだ。武蔵野操車場の建設目的を『武蔵野操車場建設工事誌』から抜粋・要約すると次の通りだ。

①田端・新小岩・土浦各操車場の機能を統合し、総武本線・常磐線の貨車送配基地とする
②東京周辺の貨物輸送の調整機能を持たせる
③周辺貨物駅の入換作業を省略できるよう、地区操配機能を持たせる
④東海道本線〜東北本線・高崎線間相互輸送の貨物の中継作業は従来の大宮・新鶴見操車場での二重中継から武蔵野操車場に一元化
⑤総武本線・常磐線の集結輸送を武蔵野操車場に移行

こうしたことから見えてくるのは、武蔵野操車場が単に貨物輸送量の増加に対応するというよりは、貨物輸送の合理化・近代化を目的としていたということだ。

武蔵野操車場の開設に合わせて山手線内の品川駅や渋谷駅などでの貨物駅機能の廃止も行っている。武蔵野操車場開設前の段階では、首都圏に280あった貨物取扱駅を約120駅まで減らし、周辺操車場を廃止・縮小。武蔵野操

カーリターダーは、ハンプを下る貨車を減速・停車させる設備だ(日本国有鉄道百年写真史)

車場や新鶴見操車場と行った一大拠点に集約させる。これによって、貨物駅の拠点化体制を整備し、合理化を進めようというものだ。

それは武蔵野操車場そのものにも現れている。

武蔵野操車場にはヤード自動化システムを導入し、貨車の仕分けや組成などはすべてコンピューターによって自動化された。カーリターダーと速度検出装置を使用することによって、ハンプを下る貨車の速度を自動でコントロールし、それまでは貨車1台ごとに作業員がついて人力で行っていたブレーキ操作なども必要なくなったのだ。

さらに、貨物列車がやってくると貨車番号をカメラで読み取ってこれまたコンピューターによってすべての作業計画を作成する。作業計画の作成までの時間は、従来の10分の1に短縮されたという。1日1人あたりの作業量も貨車12両に及び、一般の操車場が5～6両程度だったのと比べれば倍以上。先行して入れ替え作業が自動化されていた郡山操車場でも9両だったというから、武蔵野操車場の設備の高度さがわかる。こうした合理化・近代化によって、貨物輸送の所要時間の大幅な短縮が見込まれる。

人員・時間ともにこれまでと比べて大幅に〝合理化〟できる最新鋭の操車場が武蔵野操車場、というわけだ。言い方を変えれば、武蔵野線に設けられた武蔵野操車場は、国鉄が貨物輸送の合理化に取り組むことを高らかに宣言した、貨物新時代のシンボルといっていい。

国鉄時代の合理化というと、人員削減などによる経費削減を目的としたもので、労働組合からの反発を招いて順法闘争やストライキの引き金になった、というイメージが強い。

もちろん武蔵野線もそうした側面があるのは事実だ。

ただ、それ以上に国鉄としてはこうした貨物輸送の刷新に取り組まねばならない事情があった。

武蔵野線の建設が決まった１９５７（昭和32）年当時はまだまだ鉄道貨物需要が右肩上がり。トラック輸送も大きなライバルになりつつあったものの、ライバル対策よりはむしろ輸送力改善の方が優先されていた。ところが、１９６５（昭和40）年に武蔵野線が着工、１９７３（昭和48）年に開業と歴史を刻んでゆくなかで、鉄道貨物輸送を取り巻く環境は変わっていた。人手も時間もたっぷりかけて、融通の利かない〝親方日の丸〟スタイルでは、トラック輸送にまったく太刀打ちできなくなっていたのだ。

武蔵野線開業の2年後、武蔵野操車場開設から1年後の１９７５（昭和50）年度、鉄道貨物の輸送量は約1億８１００万トン。5年前の１９７０（昭和45）年度と比べて７０００万トン近く減っていた。トン数ベースの分担率はわずか３・６％となり、トンキロベースではトラックに逆転されて13・１％にまで低下していた。そう、鉄道貨物輸送は、武蔵野線の建設が進んでいた昭和40年代をピークに、右肩下がりの時代に入っていたのだ。

国鉄は、昭和30年代以降の経済成長を背景とする貨物需要の増加に対し、ほとんど効果的な対策を施すことができなかった。旅客面の輸送化以前を優先したためだ。その間隙を縫って、トラック輸送が急速にシェアを伸ばした。運賃が高く、それでいていつ到着するかが皆目分からない鉄道貨物と比べれば、圧倒的にトラック輸送が優位なのはとうぜんであった。高速道路網の整備が進んだことも、トラック輸送の拡大を後押しした一因だろう。

トラックの後塵を拝し、膨らむ一方の国鉄の赤字の最大の要因のひとつとすら言われたほどに非効率だった貨物輸送。それを改善し、一矢を報いる最後のチャンスを託されたのが、いわば武蔵野線と武蔵野操車場だったのである。

かくして、武蔵野操車場は開業当初から1日に３００両を扱い、段階的に能力を向上させていった。１９７８（昭和53）年に1日に２７００両もの貨車を扱えるようになり、マンモス操車場の名にふさわしい存在になっていった。

しかし、現実は厳しい。

武蔵野操車場は開設からわずか10年後の１９８４（昭和59）年2月1日、機能を停止することになる。同日に行われたダイヤ改正によって、ヤード輸送方式が全廃され、直行型輸送に切り替えることになったためだ。なお、同日には同じく武蔵野線仲間である新鶴見操車場も信号場に装いを変えている。

国鉄の貨物改革の旗印だった武蔵野操車場も、貨物輸送をめぐる環境の激変に対応することはできなかった。わずか10年、その力を存分に発揮する機会は、まったく与えられなかったといっていい。まさに、鉄道貨物斜陽の時代の徒花として、武蔵野操車場は姿を消したのである。

そもそも、ヤード輸送方式は効率が悪い。中小の駅でも貨物を取り扱えるメリットこそあるが、わざわざ操車場で貨車の組成をしなければならない点は、輸送時間の短縮が求められる時代においてはあまりに分が悪い。武蔵野操車場のような最新鋭の操車場をもってしても、もはやトラック輸送に対抗できる輸送システムではなくなっていた。

武蔵野操車場。中央部には高さ6.2mのハンプを有していた（朝日新聞社）

そこで、国鉄はヤード輸送方式に変えて、コンテナを用いて拠点間を直行する方式が定着する。拠点駅から最終的な目的地まではトラック輸送の助けを必要とするが、鉄道貨物の高速・大量輸送のメリットは存分に発揮できる方式だ。

直行型輸送への移行は武蔵野線開業時点から徐々に進んでおり、それが最終的にヤード輸送方式の全廃という形で決着したのが、１９８４（昭和59）年2月のダイヤ改正だった、というわけだ。これにより、貨物駅の数は拠点となる87駅を中心に全国で460駅にまで削減。ヤード輸送方式によった列車2449本を車扱直行列車154本とコンテナによる集配列車626本に再編された。列車の本数も大幅に減ることになり、鉄道貨物が物流の根幹を担っていた時代が、名実ともに終わりを告げたのである。

武蔵野線の旅客路線としての急成長はまさにこの時期のことだ。貨物列車の大削減によってダイヤに余裕が生まれ、代わって旅客列車が入り込んだ。沿線地域の開発が進んだ時期とマッチしたこともあり、武蔵野線は「通勤通学路線」としての側面を強めていくことになる。

1995年に運転がはじまった「クリーンかわさき号」(朝日新聞社)

クリーンかわさき号と石炭列車

ただし、そうした中でも武蔵野線における貨物輸送の重要性が揺らぐことはなかった。むしろ、梶ヶ谷・新座・南越谷というコンテナを扱う3つの貨物ターミナルが拠点駅として力を発揮し、新時代の鉄道貨物の担い手になってゆく。

といっても、ヤード輸送方式が全廃された1984(昭和59)年は、国鉄の最末期。ほどなく国鉄は分割民営化され、武蔵野線の運営は新会社のJR東日本とJR貨物に引き継がれることになる。武蔵野線に限らず、線路を所有するのはJR旅客各社。JR貨物は第二種鉄道事業者として運行を担う形となり、旅客優先の傾向が強まってゆく。

いっぽうで、JRへの移行後の1990(平成2)年に運輸政策審議会はトラックのドライバー不足を課題として提示し、モーダルシフトの必要性を提言している。ドライバー不足は令和の時代に大きな問題になっているテーマだが、平成の初め頃からすでにその問題の根は見られていた。

ともあれ、この運輸政策審議会の答申を受け、運輸省はモーダルシフトの動きを強めていく。1997（平成9）年の京都議定書採択も、モーダルシフトを加速させる一助になった。そして、その過程の中で、鉄道貨物の輸送力増強も行われている。

武蔵野線では、遅れて1978（昭和53）年に開業した新松戸～西船橋間は旅客営業のみ、貨物列車は走っていなかった。これはあくまで暫定的なもので、京葉線開業の暁には貨物列車が走る予定だったようだ。しかし、1990（平成2）年に京葉線東京～蘇我間が全通しても貨物輸送が行われることはなく、したがって武蔵野線新松戸～西船橋間の貨物輸送がはじまることもなかった。

もとはといえば京葉線も武蔵野線と同じく〝貨物のバイパス〟として計画された。実際に1986（昭和61）年に第一期区間が開業した折には千葉貨物ターミナルが設けられ、蘇我～千葉貨物ターミナル間での貨物輸送が行われている。

2000年からは京葉線への貨物列車直通運転もスタートした

ただ、京葉線が全通してからも蘇我駅から外房線経由で総武本線に入る運転パターンは変わっていない。あまつさえ1996（平成8）年には千葉貨物ターミナル自体が廃止されてしまう（京葉臨海鉄道千葉貨物駅に集約）。このとき、蘇我～千葉貨物ターミナル間だけだったとはいえ、京葉線から貨物列車がいったん消滅したのである。

ところが、ほぼ時を同じくしてモーダルシフト促進の一環として、武蔵野線・京葉線の貨物輸送力増強が決定する。1998(平成10)年から設備の整備を進め、2000(平成12)年12月から京葉線〜武蔵野線を走る貨物列車の運行がはじまった。京葉地域からの貨物列車は、それまで新小岩経由で常磐線から武蔵野線に乗り入れていたが、ほぼ直接武蔵野線に入れるようになった。とうぜん、所要時間は大幅に短縮され、貨物列車の運転本数も増やされた(なお、総武本線を走る貨物列車が減少したことで、総武線快速列車の運転本数が増えるという副産物もあった)。

こうして武蔵野線は全線開業から22年にして、ようやく全線で貨物列車が走るようになった。現在でも、京葉線から武蔵野線に乗り入れる貨物列車は臨時を含めて下り11本・上り10本が設定されている。コンテナ輸送に加え、郡山・南松本発着の石油輸送が行われているのも特徴のひとつだ。

いっぽう、原則として旅客列車の走らない武蔵野南線でも新しい動きがあった。1995(平成7)年に「クリーンかわさき号」が運転を開始したのだ。

「クリーンかわさき号」が運んでいるのは、川崎市内で出る生活ゴミである。川崎市では市の北部・西部を中心に人口が増加し、それに伴うゴミの増加に頭を悩ませていた。そこで、同市宮前区に位置する梶ヶ谷貨物ターミナルから臨海部まで、貨物列車によってゴミを運ぶアイデアが浮上。ゴミの臭いが漏れない専用コンテナを用い、1日1往復(休日運休)で梶ヶ谷貨物ターミナル〜神奈川臨海鉄道末広町間で運転されることになった。現在では、上りが夕方18時1分に梶ヶ谷貨物ターミナルを出発し、18時32分に末広町駅に到着、返送の下りが朝7時12分に末広町駅を出発して8時11分に梶ヶ谷貨物ターミナルに到着するダイヤが設定されている。

なお、このようにモーダルシフトも踏まえた新しい動きが見られる中で、武蔵野線では実に昔ながらの貨物輸送も続けられていた。それは、石炭輸送である。

鉄道の歴史をたどれば、石炭輸送は鉄道の最も重要な役割のひとつだったといっていい。産炭地である北海道や筑豊地域の鉄道はもとより、常磐線などももとはといえば石炭輸送を主たる役割としていた。エネルギー革命やトラッ

北海道鉄道草創期の石炭列車。かつての鉄道貨物輸送の主役だった（日本国有鉄道百年写真史）

クへのシフトによってほとんどが姿を消していたが、そんな中で最後まで残っていたのが武蔵野線の石炭輸送だった。

最後の石炭輸送は、川崎と熊谷を結でんいた。石炭の輸送ルートはこうだ。川崎港で輸入の石炭を水揚げすると、鶴見線・武蔵野線・高崎線・秩父鉄道を通って熊谷市三ケ尻の太平洋セメント熊谷工場まで。末期で35トン積みの貨車20両編成が週に3便ほど走っていたという。２０１９（平成31）年3月に北海道釧路市の太平洋石炭販売輸送による石炭輸送が終了してからは、国内唯一の石炭輸送になっていた。それも、２０２０（令和2）年3月で廃止される。鉄道貨物輸送の大主役を張っていた石炭輸送が、新時代の貨物の担い手である武蔵野線を最後に引退したというあたり、何かの縁を感じてしまう。

１日１５０本の貨物が走る武蔵野南線

では、現在の武蔵野線の貨物輸送の実態はどのようなものなのだろうか。

２０２３（令和5）年夏の時点で、変わらずに武蔵野線全線に貨物列車が走っている。そのうち、最も貨物列車の運転本数が多いのは、新鶴見信号場～梶ヶ谷貨物ターミナル間で、上り・下りあわせて1日に約１５０本の列車が行き交っている。

次いで、梶ヶ谷貨物ターミナル～府中本町間が約１４０本。つまり、武蔵野南線が武蔵野線貨物輸送の中心を担っている形だ。武蔵野南線は事実上貨物専用の線路になっているのだからとうぜんといえばとうぜんである。ちなみに、国鉄時代の新鶴見信号場〜梶ヶ谷貨物ターミナル間の貨物列車は1日に約120本。JR時代になって充実したのは通勤電車ばかりでないのだ。

川崎市宮前区、トンネルとトンネルの間のわずかな明かり区間にある梶ヶ谷貨物ターミナル駅は、構内にホームセンターがあり、一般のクルマも構内を走ることができるという特殊な構造をしている。また、ちょうどリニア中央新幹線のトンネル工事の現場にもなっており、リニアのトンネル残土輸送も行う。東京南西部の貨物駅の集約先でもあり、開業時には渋谷駅・恵比寿駅の貨物機能も集約されている。

そうした特殊な面もありつつも、梶ヶ谷貨物ターミナルの取扱貨物量は新座・越谷と比べると圧倒的に少ない。つまり、主にこの区間は〝通過〟する貨物列車が多いというわけだ。

武蔵野南線を走る貨物列車は、開業前から期待されていたとおりに首都圏を通過する列車が中心だ。たとえば、福岡貨物ターミナルから宇都宮貨物ターミナルまでの高速貨物列車など、東海道本線方面から北関東・東北方面に向かう列車がここを通る。

武蔵野南線を走る貨物列車の中には、中央本線に乗り入れる列車も少なからず設定されている。府中本町駅から南武線を介して中央本線に入るルートで、石油を積んだ専用貨物列車が多い。八王子・竜王・南松本・坂城などが目的地だ。珍しいところでは、拝島駅から在日米軍横田基地内に入る通称〝米タン〟、米軍燃料輸送列車がある。

府中本町〜西船橋間、つまり通勤電車と共存している区間は、武蔵野南線と比べると貨物列車の本数はやや少なくなる。府中本町〜新座貨物ターミナル間を走る貨物列車は約110本だ。ごくまれに、新秋津駅から秋津支線を介して西武鉄道の車両輸送も行われている。

新座貨物ターミナルの特徴は、なんといっても〝紙〟である。もともと首都圏における紙の集積地は飯田町（現在の飯田橋駅付近）にあった。飯田町駅は徐々に機能を縮小した末、1999（平成11）年に閉鎖された。それに伴い、紙類の倉庫営業を担う飯田町紙流通センターが新座に移転し、紙輸送の比率をますます高めた。そうしたこともあっ

▲西武鉄道30000系電車の甲種輸送。武蔵野南線多摩川橋梁を渡る
▶新座貨物ターミナル。紙製品輸送の拠点にもなっている

て、周囲には凸版印刷の朝霞工場や出版社の倉庫なども目立ち、新座貨物ターミナルは紙の到着、そして雑誌・書籍類の発送基地としての役割を果たしている。

新座貨物ターミナルの取扱量は1日に約3300トンで、これは武蔵野線の貨物ターミナルの中では最も多い。開業時には新宿・池袋・目白・王子各駅の貨物取扱が集約されている。

新座貨物ターミナルからは大宮支線を介して東北本線方面との連絡が大きなウェイトを占め、倉賀野～根岸間の石油輸送を筆頭に、仙台貨物ターミナル・札幌貨物ターミナルなど東北・北海道方面の貨物列車が走る。名古屋貨物ターミナルや百済貨物ターミナルといった東海道本線沿線の貨物ターミナルからの輸送も多く、まさにバイパスとしての面目躍如と行ったところだろうか。

大宮支線・西浦和支線を間に挟んで東側、西浦和以東になると、貨物列車の運転本数はぐっと少なくなる。1日あたりの運転本数は、おおよそ50本。常磐線の貨物輸送が低調であり、そのほとんどが隅田川駅発着で完結していることが大きな理由だ。

ただ、越谷貨物ターミナルは1日に約2600トンの貨物を扱っており、梶ヶ谷貨物ターミナルよりも多い。周辺には流通団地も設けられ、福岡貨物ターミナル・札幌貨物ターミナル・百済貨物ターミナル・倉賀野・岩国・宇都宮貨物ターミナルとの高速貨物列車が1日1往復ずつ走るなど、東京北東部の貨物輸送の拠点としての重要性は高い。

基本的に首都圏の貨物輸送は、北向きが隅田川駅、南向きが東京貨物ターミナル駅を基地とする。そして、その両駅間を連絡するのも武蔵野線の役割のひとつだ。実際に、東京貨物ターミナル〜隅田川間のシャトル便も1日4往復運転される。武蔵野線内は新鶴見信号場から南流山駅までを走り、馬橋支線から常磐線に入るルートだ。南流山〜西船橋間は京葉線直通（千葉貨物方面）の列車のみで、1日約20本と、最も運転本数の少ない区間になっている。

旅客か、貨物か

このように、武蔵野線は開業当時はもとよりすっかり通勤通学路線と化したいまになっても、多くの貨物列車が走っている。首都圏の旅客路線において、これだけ貨物列車が走る路線は他にないといっていい。

それがゆえに、建設時から貨物列車走行による騒音・振動が課題となり、PCまくら木やロングレールを採用するなど、当時としては高コスト路線という側面もあった。開業当初の武蔵野線に関して、当時の新聞記事などでは「新幹線並み」などと記されている。多数の貨物列車を走らせるためにはそれだけの設備が必要だったというわけだ。

ともあれ、開業時の武蔵野線はいまとはまったく異なり、旅客輸送は貨物輸送の添え物に過ぎない水準だった。明確に〝貨物優先〟のダイヤが組まれたのである。梶ヶ谷・新座・越谷という3つの貨物ターミナルに加え、最新鋭の設備を備えた武蔵野操車場も設けられた。

〝貨物路線としての武蔵野線〟の看板であったはずの武蔵野操車場は、ヤード輸送方式の全廃によってわずか10年足らずで役割を終えた。しかし、コンテナによる拠点間直行輸送が中心になってからも、武蔵野線は首都圏において貨物ネットワークを支える礎として力を発揮し続けてきた。

国鉄時代にはいったん貨物列車の減便もあったが、JR時代になってモーダルシフトの動きが見られる中で武蔵野線を走る貨物列車も増えてきた。その間に旅客列車が大幅に増え、通勤路線としても成長を見せ、相対的に貨物輸送の比率が低下したとはいえ、武蔵野線貨物の存在感はいまだに揺らいでいない。

歴史を簡単にまとめれば、山手線のバイパスとして山手貨物線が建設され、さらにそのバイパスとして建設されたのが武蔵野線、ということになろう。それはすなわち、貨物輸送の効率化が進んだというだけの効果に留まらない意味があるということだ。

山手貨物線によって山手線の旅客列車が増加したのと同じように、武蔵野線が山手貨物線・品鶴線のバイパスとなって貨物列車が〝逃げた〟ことで、それらは旅客路線として生まれ変わった。埼京線や湘南新宿ラインも武蔵野線が貨物路線として開業したがゆえに登場した通勤路線だし、埼京線と相模鉄道の直通運転ももとをたどれば武蔵野線あってこそ（ちなみにJR・相鉄直通線は新鶴見信号場内の一部で武蔵野線の線路を走っている）。

武蔵野線が開業して貨物列車が郊外に回るようになったおかげで、都心の旅客列車は大幅に増加した。東海道本線の藤沢、辻堂、茅ケ崎といったあたりも東京への通勤圏内として発展してきたが、それもまた武蔵野線のおかげである。その影響が及ぶ範囲はあまりに大きい。埼京線や湘南新宿ラインなどを毎日使って通勤している人は、武蔵野線を〝郊外を走る田舎路線〟などとバカにしてはならぬ。それどころか、本来ならば足を向けて寝られないはずなのである。

といっても、貨物路線としての武蔵野線の現実はあまり明るいわけではない。

そもそも、武蔵野線の沿線は、まだまだ発展途上である。人口減少時代とはいえ、首都圏の人口増加は当面続くとみられている。そうした中で、開発の余地の大きな武蔵野線沿線は、ますます発展してゆくことだろう。ピーク時でも毎時10本、日中は毎時6本という電車の本数では早晩は不充分になってくるはずだ。

そうなると、やはり貨物はジャマものになるのだろうか。

ほんらい、鉄道というものは貨物輸送に適している輸送機関だ。大量の貨物を高速で運ぶことができる。総合力では船にもトラックにも飛行機にも勝る。しかし、日本では主に大都市圏において旅客輸送のニーズが肥大化してしまい、結果として貨物列車はジャマものになってしまった。貨物路線の武蔵野線においても、貨物列車の扱いが難しくなってくるのも、とうぜんのなりゆきである。

しかし、いっぽうではトラックのドライバー不足は深刻化するばかりで、解決の糸口はみえない。また、二酸化炭素排出量の削減も社会的要請になっている。そうした中で、鉄道貨物輸送への期待もまた、高まっているのだ。

いや、むしろ高まっているという以上に、鉄道貨物の重要性はますます大きくなってくるにちがいない。旅客輸送のニーズも高まり、貨物輸送の重要性も増す。そうした中で、武蔵野線が果たすべき役割は、あまりにも大きいのである。

▲山手貨物線・品鶴線の旅客化に伴って開業した湘南新宿ライン
◀鉄道貨物への注目が高まる中で、武蔵野線の重要性も増している

おわりに　――もしも武蔵野線がなかったら

武蔵野線はどんな路線なのか、沿線や駅には何があるのか、と問われたら、いろいろ思案したあげくに「何もない」と答えることになりそうだ。

もちろん文字通りの「何もない」ということとは少し違う。

レイクタウンを筆頭に大型商業施設もあるし、発展めざましい住宅地も多い。府中本町・船橋法典両駅は、ＪＲＡ競馬場の最寄り駅で、ビッグレース時にはたくさんのお客で溢れかえる。どの駅から乗っても、いつ何時も混んでいる。他の路線との乗り換え駅に着けば、半分くらいのお客がどっと降り、またそれと同じくらいのお客がどっと乗り込んでくる。

武蔵野線は、かように首都圏の通勤路線としての素養を備えている。埼京線や京浜東北線、中央線に総武線。はたまた、環状路線の兄貴分にあたる山手線。そうした東京に住んでいない人でも知っているような、並みいる通勤路線と肩を並べる存在であることは、論をまたない。

ところがいっぽうで、ときにまったく通勤路線らしからぬ顔を見せることがある。

昼下がり、ひとけのないホームで電車を待っている。ゴトゴトと音が聞こえてきたのでやっと来たかと顔を上げたら、轟音とともに貨物列車が目の前を通過してゆく。ひっきりなしに貨物列車が走る路線など、首都圏においては他にない。

車窓を眺めていてもそうだ。まるで通勤通学での混雑がウソのように、牧歌的な沿線風景が広がる。ところによっては、まるで50年前の開業当時のままの田園地帯。荒川や江戸川を渡るとき、川縁に目をこらすとのんびり犬の散歩をしているおじさんの姿があったり、仲睦まじく自転車を並べて走る高校生のカップルがいたり。武蔵野線の名に違わず、〝武蔵野〟の空気を残しているところも多い。

このように、武蔵野線は首都圏の通勤通学路線らしさと、ローカル線らしさの両方を兼ね備えているのだ。だいたい、走っているところが微妙だ。

府中本町駅からはじまって、駅のある自治体は東京都府中市・国分寺市・小平市・東村山市・埼玉県所沢市・新座市・朝霞市・さいたま市・川口市・越谷市・吉川市・三郷市・千葉県流山市・松戸市・市川市・船橋市。さいたま市、川口市、船橋市あたりはかなりの人口を抱える大都市といっていい。それ以外は、だいたい地味な都市ばかりを横につなげて走っている。

さらに、武蔵野線はこれらの都市の中心からそっぽを向いて、いわば〝町外れ〟ばかりを走っているのだ。貨物路線として建設したから町の中心を走らせる必要がなかった、などという正論は正論として、つまりは率直にいってあまり便利ではない、ということになってしまう。

たとえば、さいたま市は浦和のパルコにお出かけしようと思ったら。せっかく浦和と名の付く駅をいくつも通るのに、どれも浦和の中心地からは遠く離れているから、わざわざ南浦和駅で京浜東北線に乗り換えねばならない。同じようなことはいくらでも。このあたりの絶妙な不便さもまた、実に武蔵野線らしい。

結局、武蔵野線は何かひとつの特徴を持って片付けられるような単純な路線ではないということなのだろう。混雑必至の通勤路線としての顔。のどかなローカル線としての顔。貨物の大動脈としての顔。東京都心の郊外の縁を構成する環状路線としての顔。ちょっと乗り換えが不便な使いにくい路線としての顔。いろいろな顔を持っているから、武蔵野線は唯一無二なのだ。

それでも、せっかくこのような本を書く機会を頂いたのだから、なんとか武蔵野線を特徴付けるシンプルな個性はないものかと考えた。

その結果、いささか強引ではあるが、ひとつだけ見つけることができた。それは、生活路線、という点だ。

武蔵野線の駅は、どこを降りても名の知れた観光地はほとんどない。むしろ、まるで私鉄沿線のような、生活感溢れる町が広がっている。吉川美南のような新駅の周辺は整然とした新しい街並みだが、それとて刻んでいる年月が短いだけのこと。そこにあるのは、その地?で暮らし、訪れる人たちの生活そのものだ。

山手線のターミナルや、都心のど真ん中の地下鉄の駅のような、煌びやかさはまったくない。シロガネーゼも港区女子もそこにはいない。わざわざ足を運ぶ町ではなく、そこで日常を過ごす町。武蔵野線は、普段着の町を連ねて走る生活路線なのである。

武蔵野線は、かつて埼玉の人たちが〝横のつながり〟を欲して夢を見た路線である。その夢が叶ったかどうかはわからない。やっぱり、基本的にはみな都心方面を向いているのだろう。ベッドタウンに暮らしていて、ベッドタウン同士の横のつながりなんて意識することはまずあり得ない。

それは裏を返せば、武蔵野線はその存在の意義が改めて問われるような、そしていちいち語られるような路線ではないということだ。東京に出たら山手線に乗ってみたい、と思う地方の人はいくらでもいるだろう。だが、武蔵野線に乗ってみたいなどと思う人がもしいたら、かなり奇特な人だ。それだけ、武蔵野線は特別な路線ではない。でも、武蔵野線がなかったら、いまの首都圏の人々の暮らしは、まったく成り立たなくなってしまう。まるで空気のような、そんな路線が武蔵野線なのだ。

もしも武蔵野線がなかったら。

鉄道貨物輸送そのものがほとんど全廃に近いほどになっていたかもしれない。国鉄は貨物輸送で大赤字を叩き出していたから、旅客輸送の改善と赤字対策を旗印に、あっさりと撤退していても不思議ではない。

しかし、シェアは少ないとはいえ、トラックドライバーの不足が叫ばれる昨今、鉄道貨物の存在意義は大きい。それがもしも、存在すらしていなかったら、トラック輸送への負荷はますます大きくなっていたにちがいない。Ａｍａｚｏｎで注文した商品が翌日にも届くのは、物流システムがギリギリのところで踏みとどまっているから。武蔵野線がなければ、とっくに崩壊していただろう。

また、貨物列車が維持されていたとすれば、それは貨物列車が都心の真ん中を盛んに行き交っている、ということだ。埼京線も湘南新宿ラインも存在しない。３００％を超える混雑が緩和される目処は絶たず、あまりのラッシュに耐えかねてマイカー通勤する人も増える。都内の主要道路は激しい渋滞が慢性化し、あちこちで事故も起きる。路上駐車も増えて、治安も悪化。東京は、世界でいちばん行きたくない町になっていたかもしれない。

武蔵野線沿線に広がるベッドタウンも、武蔵野線がなければ成り立たない。だから、既存の放射状路線沿線はますます住宅が密集することになり、ただでさえ高い家賃がますます高騰する。つくばエクスプレスや埼玉スタジアム線のような新しい放射状路線ができても、武蔵野線の〝横につなぐ〟機能が欠ければ本領は発揮できまい。大金をかけて赤字路線を作った、などと批判の対象になっていたことだろう。

……このように、風が吹けば桶屋が儲かる。武蔵野線ができたおかげで、放射状路線が存分に機能を発揮でき、都心を走る通勤電車の本数も増加。新しいベッドタウンを生み出すことにもつながって、モーダルシフトの社会的要請にも対応できるだけの余力を手にすることができた。

武蔵野線は、まったく地味で、正直いってあまりイメージも良くなくて、乗ったことがない人は興味を抱くこともない。そんな路線ではあるけれど、いまの首都圏の有り様は、武蔵野線があることによって成り立っているのだ。武蔵野線に乗ろうが乗るまいが、その恩恵にあずかっていない人はひとりとていないといっていい。

ああ、武蔵野線――。武蔵野線があったから、ぼくたちは毎日笑って過ごすことができている。武蔵野線は空気みたいな、いやそれ以上に重要なライフライン。日本一の、生活路線なのである。

鼠入昌史

武蔵野線歴史年表

年	月日	出来事
1922(大正11)年	4月11日	改正鉄道敷設法公布
1925(大正14)年	3月28日	山手線品川〜田端間の複々線化が完了(山手貨物線)
	11月1日	山手線が環状運転を開始
1927(昭和2)年	3月31日	改正鉄道敷設法の中改正により現在の武蔵野線に通じる予定線が追加
1929(昭和4)年	8月21日	品川〜新鶴見操車場〜鶴見間の品鶴線が開業
1952(昭和27)年	5月27日	埼玉県が外郭環状線の計画を申請
1955(昭和30)年	9月2日	埼玉県を中心に首都外郭環状鉄道建設期成同盟を結成
1956(昭和31)年	2月24日	調査線に昇格
1957(昭和32)年	4月3日	武蔵野線建設の方針が決定
1964(昭和39)年	3月23日	日本鉄道建設公団設立
	4月22日	工事線に昇格

年	月日	出来事
1986(昭和61)年	3月3日	201系投入。京葉線西船橋〜蘇我〜千葉貨物ターミナル間が開業。山手貨物線の旅客化により埼京線の運転区間が新宿駅まで延長
	10月26日	101系運用終了
	11月1日	ダイヤ改正により、日中の運転間隔が最短12分に
1987(昭和62)年	4月1日	国鉄分割民営化により、JR東日本が継承。JR貨物が第二種鉄道事業者となる
1988(昭和63)年	12月1日	京葉線新木場〜南船橋間が開業。武蔵野線からの直通運転を開始
1990(平成2)年	3月10日	京葉線東京〜新木場間が開業。武蔵野線から東京駅への直通運転を開始
1991(平成3)年	3月31日	北総開発鉄道北総線東松戸駅開業
	10月6日	205系投入
	10月12日	台風により新小平駅が水没
	12月1日	一部編成の8両編成化
1996(平成8)年	10月21日	201系運用終了
	12月1日	全編成が8両編成化

年	月日	出来事
1965(昭和40)年	6月15日	基本計画を変更
	12月17日	起工式
1970(昭和45)年	2月2日	武蔵野南線を着工
1973(昭和48)年	4月1日	**府中本町〜新松戸間が開業**
1974(昭和49)年	7月23日	東武伊勢崎線新越谷駅が開業。南越谷駅との乗り換え駅に
	8月6日	東武東上線朝霞台駅が開業。北朝霞駅との乗り換え駅に
	10月1日	武蔵野操車場開設
1976(昭和51)年	3月1日	鶴見〜府中本町間の武蔵野南線が開業
1978(昭和53)年	10月2日	**新松戸〜西船橋間が開業**（全通）
1980(昭和55)年	8月17日	西浦和付近でタイヤ火災発生
	10月1日	品鶴線の旅客営業開始
1984(昭和59)年	2月1日	同日のダイヤ改正により、新鶴見操車場が新鶴見信号場に降格。武蔵野操車場の機能停止。東北貨物線赤羽〜大宮間が旅客化
1985(昭和60)年	3月14日	吉川〜三郷間に**新三郷駅開業**。ダイヤ改正により日中の運転間隔を20分に
	9月30日	西浦和〜南浦和間に**武蔵浦和駅開業**。埼京線開業
1998(平成10)年	3月14日	新松戸〜新八柱間に**東松戸駅開業**
2000(平成12)年	12月2日	南流山〜西船橋間で貨物列車の運行を開始
2001(平成13)年	3月28日	埼玉高速鉄道線が開業、東川口駅で接続
	12月1日	湘南新宿ライン営業開始
2005(平成17)年	8月24日	つくばエクスプレスが開業、南流山駅で接続
	12月10日	１０３系運用終了
2008(平成20)年	3月15日	南越谷〜吉川間に**越谷レイクタウン駅開業**
2010(平成22)年	12月4日	同日のダイヤ改正により、「むさしの号」定期列車化、「しもうさ号」運転開始、２０９系投入
2012(平成24)年	3月17日	吉川〜新三郷間に**吉川美南駅開業**
2015(平成27)年	9月30日	新小平トンネル及び東村山トンネル内の携帯電話不通区間が解消
2017(平成29)年	11月1日	Ｅ２３１系投入
2020(令和2)年	10月19日	２０５系運用終了
2022(令和4)年	10月1日	従来の「ホリデー快速鎌倉」に代わり、臨時特急「鎌倉」の運転を開始

武蔵野線全駅データ

駅名	所在地	開業 年月日	構造	駅間 距離	累計 距離	乗車 人員	接続路線
府中本町	東京都 府中市	1928年 12月11日	地上3面6線	—	0km	14054人	南武線
北府中	東京都 府中市	1956年 9月1日	地上1面2線	1.7km	1.7km	12051人	
西国分寺	東京都 国分寺市	1973年 4月1日	高架2面2線 地上2面2線	2.2km	3.9km	25420人	中央線
新小平	東京都 小平市	1973年 4月1日	地上(半地下) 2面2線	3.5km	7.4km	10284人	
新秋津	東京都 東村山市	1973年 4月1日	地上(堀割) 2面2線	5.6km	13km	34954人	西武池袋線
東所沢	埼玉県 所沢市	1973年 4月1日	地上(堀割) 2面4線	2.7km	15.7km	14281人	
新座	埼玉県 新座市	1973年 4月1日	高架2面2線	4km	19.7km	19276人	
北朝霞	埼玉県 朝霞市	1973年 4月1日	高架1面2線	3.1km	22.8km	63526人	東武東上線
西浦和	さいたま市 桜区	1973年 4月1日	高架1面2線	5km	27.8km	13233人	
武蔵浦和	さいたま市 南区	1985年 9月30日	高架2面2線 高架2面4線	2km	29.8km	46593人	埼京線
南浦和	さいたま市 南区	1961年 7月1日	高架2面2線 地上2面4線	1.9km	31.7km	51308人	京浜東北線
東浦和	さいたま市 緑区	1973年 4月1日	地上(堀割) 2面2線	3.7km	35.4km	25887人	
東川口	埼玉県 川口市	1973年 4月1日	高架1面2線	3.8km	39.2km	35046人	埼玉高速鉄道線
南越谷	埼玉県 越谷市	1973年 4月1日	高架2面2線	4.3km	43.5km	67815人	東武スカイツリーライン
越谷レイクタウン	埼玉県 越谷市	2008年 3月15日	高架2面2線	2.8km	46.3km	26175人	
吉川	埼玉県 吉川市	1973年 4月1日	高架2面2線	1.9km	48.2km	15654人	
吉川美南	埼玉県 吉川市	2012年 3月17日	地上2面3線	1.6km	49.8km	5906人	
新三郷	埼玉県 三郷市	1985年 3月14日	地上2面2線	1.5km	51.3km	13197人	
三郷	埼玉県 三郷市	1973年 4月1日	高架2面2線	2.1km	53.4km	12373人	
南流山	千葉県 流山市	1973年 4月1日	高架2面2線	2km	55.4km	33562人	つくばエクスプレス
新松戸	千葉県 松戸市	1973年 4月1日	高架2面2線 地上1面2線	2.1km	57.5km	33675人	常磐線各駅停車
新八柱	千葉県 松戸市	1978年 10月2日	地下2面2線	4.1km	61.6km	22185人	新京成線
東松戸	千葉県 松戸市	1998年 3月14日	高架2面2線	2.4km	64.0km	19217人	北総線・ 京成成田スカイアクセス線
市川大野	千葉県 市川市	1978年 10月2日	高架2面2線	1.9km	65.9km	10459人	
船橋法典	千葉県 船橋市	1978年 10月2日	地上(堀割) 1面2線	3km	68.9km	16244人	
西船橋	千葉県 船橋市	1958年 11月10日	高架2面4線 地上2面3線	2.9km	71.8km	119941人	京葉線・総武線・東京メトロ 東西線・東葉高速線

主要参考文献

『日本国有鉄道百年史』(日本国有鉄道、1974年)
『武蔵野操車場建設工事誌』(日本国有鉄道東京第三工事局、1977年)
『武蔵野線工事誌』(日本鉄道建設公団東京支社、1984年)
『小金線工事誌』(日本鉄道建設公団東京支社、1984年)
『多摩の鉄道百年』(野田正穂ほか、日本経済評論社、1993年)
『ちばの鉄道一世紀』(白土貞夫、崙書房、1996年)
『小平市史 近現代編』(小平市史編さん委員会、2013年)
『さいたま市史 鉄道編』(さいたま市、2017年)
『吉川市史 通史編 2 近代・現代』(吉川市史編さん委員会、2017年)
『三郷市史 第7巻 通史編 2』(三郷市史編さん委員会、1997年)
『武蔵野線まるごと探見』(三好好三・垣本泰宏、JTBパブリッシング、2010年)
『懐かしい沿線写真で訪ねる 武蔵野線 街と駅の半世紀』(山下ミルコ、アルファベータブックス、2017年)
『鉄道ピクトリアル』各号(電気車研究会)
『鉄道ファン』各号(交友社)
『鉄道ジャーナル』各号(鉄道ジャーナル社)
『国鉄線』各号(交通協力会)
『東京人』各号(都市出版)
『サンデー毎日』各号(毎日新聞社)
『週刊文春』各号(文藝春秋)
『朝日ジャーナル』各号(朝日新聞社)
『Hanako』各号(マガジンハウス)
『散歩の達人』各号(交通新聞社)
『週刊朝日』各号(朝日新聞社)
『平凡パンチ』各号(マガジンハウス)
『週刊大衆』各号(双葉社)
交通新聞　各号
朝日新聞　各号
読売新聞　各号
毎日新聞　各号
産経新聞　各号
千葉日報　各号
埼玉新聞　各号

◉著者プロフィール
鼠入昌史（そいり　まさし）

1981年東京都生まれ。文春オンラインや東洋経済オンラインをはじめ、週刊誌・月刊誌・ニュースサイトなどに様々なジャンルの記事を書きつつ、鉄道関係の取材・執筆も行っている。阪神タイガースファンだが好きな私鉄は西武鉄道。著書に『相鉄はなぜかっこよくなったのか』（交通新聞社）、『鉄道の歴史を変えた街45』（イカロス出版）など。

開業50周年！
武蔵野線をゆく

2023年11月25日発行

著　者　　鼠入昌史

発行人　　山手章弘

発行所　　イカロス出版株式会社
〒101-0051
東京都千代田区神田神保町1-105
TEL：03-6873-4661（出版営業部）

印刷・製本　　図書印刷株式会社